देस-बिदेस दरवेश

(यात्रा-वृत्तान्त)

देस-बिदेस दरवेश

(यात्रा-वृत्तान्त)

महेश कटारे

भारतीय ज्ञानपीठ

लोकोदय ग्रन्थमाला : 1296

ISBN 978-93-263-5486-8

देस-बिदेस दरवेश

(यात्रा-वृत्तान्त)

महेश कटारे

प्रथम संस्करण : 2017

मूल्य : 200 रुपये

प्रकाशक : **भारतीय ज्ञानपीठ**

18, इन्स्टीट्यूशनल एरिया, लोदी रोड, नयी दिल्ली-110 003

मुद्रक : विकास कम्प्यूटर्स ऐंड प्रिन्टर्स, दिल्ली-32

आवरण-चित्र : सुचिंत मंडलोई

आवरण : महेश्वर

DES-BIDES DARVESH

(Travelogue)

By Mahesh Katare

Published by

Bharatiya Jnanpith

18, Institutional Area, Lodi Road, New Delhi-110 003

Ph. : 011-24698417, 24626467; 23241619 (Daryaganj)

Mob. : 9350536020; e-mail : bjnanpith@gmail.com

sales@jnanpith.net; website : www.jnanpith.net

First Edition : 2017

Price : Rs. 200

देशाटनं पंडित मित्रता च वारांगनां राजसभा प्रवेशः।
अनेक शास्त्राणि विलोकितानि चातुर्यमूलं खलु मन्त्र पंच॥

(महाभारत)

(देशाटन, विद्वानों से मैत्री, गणिका, राजपुरुषों से सम्पर्क तथा विविध शास्त्रों का अध्ययन ये पाँच बुद्धिमत्ता के मूल मन्त्र (गुर) हैं।)

अनुक्रम

अमरनाथ यात्रा : उस बरस

उस बरस को कोई दशक नहीं बीते हैं। अभी कुछ ही साल पहले की तो बात है—2008 का जुलाई महीना जब जम्मू कर्फ्यू में घिरा था और कश्मीर घाटी में बारूद बिछाई जा रही थी। बरस के इन्हीं दिनों में पड़ती है अमरनाथ यात्रा। श्रद्धा और सौन्दर्य का अनुपम उत्सव।

मैं पिछले छह-सात वर्षों से इस यात्रा पर जाने को सोच रहा था। बहुत लालची हूँ घूमने का। किसी ने कहा भी है—

सैर कर दुनिया की ग़ाफ़िल ज़िन्दगानी फिर कहाँ।
ज़िन्दगानी भी मिले तो नौजवानी फिर कहाँ॥

नौजवानी की बात तो यह कि नयी सदी आने के पूर्व ही वानप्रस्थ में प्रवेश हो चुका था फिर गिलोय नीम पर इस तरह चढ़ी कि डॉक्टरों ने बताया कि आप 'दिलवाले' हो गये हैं। अनसुनी की तो दिल झटका देने लगा। मरने से डर लगा और मुझसे भी अधिक भयभीत दिखे घरवाले। लिहाजा 2004 की इसी जुलाई में अखिल भारतीय आयुर्विज्ञान संस्थान की शरण पकड़ी। मेरे मित्रों में 'दिलवाले' कम नहीं हैं...जानकार उनसे भी अधिक हैं। एक मित्र अपने दो मंज़िले की बाईस सीढ़ियाँ तीन बार विश्राम लेकर चढ़ते हैं क्योंकि दिल पर ज़ोर नहीं पड़ना चाहिए।

इधर जुलाई आने से पूर्व ही समाचार-पत्रों, मीडिया व यहाँ-वहाँ अमरनाथ-अमरनाथ हो उठता। मन हुलकने लगता...पर कुछ न कुछ ऐसा हो जाता कि यात्रा का संयोग न बनता। संयोग बना 2008 में जब जी कड़ा कर फैसला कर ही लिया कि अब जो होना है, सो हो। घर पर ही किसी बहाने लुढ़क लिये तो कौन रोकेगा? साथी मिले—साथ ही शिक्षक रहे जानकीप्रसाद शर्मा। मजबूत किसान आदमी हैं और जीवन में मात्र एक बार बीमार पड़े हैं...उम्र साठ के पार। मेरे ही मुहल्ले का पड़ोसी युवा शंकर तैयार हुआ किन्तु शर्मा जी 'तीन' वाली यात्रा करने को सहमत न थे। बाद में उन्होंने ही राजी किया पं. कैलाश नारायण को। वह सेवानिवृत्त फौजी हैं

तथा पहले भी अमरनाथ यात्रा कर चुके थे।

मेरे रजिस्ट्रेशन में व्यवधान आया कि डॉक्टर ने स्वास्थ्य प्रमाण-पत्र पर हस्ताक्षर करने से स्पष्ट मना कर दिया—'नहीं भाई साहब! आप तो ऐसी यात्रा की सोचें ही नहीं।' यही नहीं उन्होंने मेरे भाई को भी सलाह दी कि मुझे समझाएँ...रोकें। यहाँ शर्मा जी काम आये और दो सौ रुपये के शुल्क में मेरा फिटनैस सर्टिफिकेट बनवा दिया। आरक्षण हो गया। इस साल अत्यधिक यात्रियों के अमरनाथ दर्शन का अनुमान लगाया जा रहा था, इसलिए मैं मायूस था। भीड़ मुझे सदैव भयभीत करती हैं पर अब जो हो।

और इसी बीच कश्मीर सुलग उठा। जम्मू में गोलियाँ चलीं। लोग मरे और राजनीति की भट्ठी गर्म हो गयी। राजनीति के प्रसंग में मैं एक कश्मीरी (शिकारा चलानेवाले) उस्मान की टिप्पणी उद्धृत करना चाहूँगा—"कश्मीर के सारे नेता चोर और बेईमान हैं। उन्हीं का भ्रष्टाचार घाटी के विकास की सबसे बड़ी बाधा रहा है।" उस्मान ने दिल्ली नहीं देखी अन्यथा वह इससे भी कोई अधिक तल्ख़ टिप्पणी करता। इन्हीं दिनों सुप्रसिद्ध स्तम्भकार फ्रांसुआ गौशिये ने भी लिखा था—"राजनीतिक परिदृश्य देखें तो लगता है कि भारत के राजनेता इतने निचले स्तर तक कभी नहीं गिरे थे। भारतीय राजनीति में नैतिकता का इतना क्षरण कभी नहीं हुआ था! यह कटुता, अवसरवाद, भ्रष्टाचार और गिरावट के अभूतपूर्व स्तर तक पहुँच चुका है।"

राजनीतिक अवसरवाद ने कश्मीर में आग भड़काई तो अमरनाथ यात्रियों में आशंका घर करने लगी। हज़ारों यात्री जम्मू पहुँचते ही स्वयं लौट आये या लौटा दिए गये। जानेवालों ने यात्रा रद्द कर दी। हमारे शर्मा जी भी डगमगा रहे थे, वह धर्मभीरू होने के साथ मनभीरू भी हैं। अन्धा धर्म सबसे पहले भय जगाता है कि इससे डरो, उससे डरो और डर व्यक्ति का स्थायी भाव बन जाता है। यात्रा के दिन तक उनका असमंजस भाव बना रहा। मेरे घर भी कोई यात्रा के पक्ष में नहीं था किन्तु हम ठहरे हजरते दाग़—जहाँ बैठ गये... बैठ गये। चल पड़े तो फिर रुकना नहीं। किस्सा कोताह हम अंडमान एक्सप्रेस से जम्मू रवाना होने के लिए 4 जुलाई, 2008 को ग्वालियर स्टेशन पहुँच गये।

एस-1 में हमारी बर्थ थी जो इंजन के ठीक पीछे लगी थी। उसके बाद दो दूध के टैंकर व पाँच माल के डिब्बे थे। डिब्बा आगे निकल गया था। सामान लादे दौड़ते-हाँफते सवार हुए। डिब्बा तक़रीबन ख़ाली। दो-तीन लोग बैठे थे, बताया—यह कंडम डिब्बा है...एस-1 तो पीछे है। अब मुश्किल! ऐसा था तो रेलवे अधिकारियों को एस-1 की तख्ती हटा लेनी चाहिए थी पर इतना कष्ट वह क्यों करें? हम आपस में खीझते हुए लालू यादव की आलोचना करने लगे। मेरा कहना था कि हर अव्यवस्था पर लालू जी का क्लासिक सीनाज़ोर उत्तर होता है। वह

कहेंगे—"देर सबेर, ऐसे या वैसे रेल आपको पहुँचा तो रही है। यह तो जनता की सवारी है...जनता की तरह चलेगी। आपको जल्दी है, सुविधा चाहिए तो हवाई जहाज में बैठिये। हम तो इसी तरह रेल चलाऊँगा।" भय यह था कि एक स्टेशन तक टी.टी.ई. प्रतीक्षाकर कहीं दूसरों को बर्थ न दे दे। सो मुरैना में शंकर राठौर को पीछे की ओर भगाया जिसने टी.टी.ई. को स्थिति बतायी। हम शेष लोग आगरा से अपनी बर्थ पर पहुँचे।

साथी हों...आरक्षित बर्थ हो...यात्रा हो तो उस सुख का क्या कहना। हम लोग खुश-खुश जम्मू स्टेशन पर उतरे। यहाँ सुरक्षा की इतनी ज़बरदस्त व्यवस्था दिखी कि डर लगने लगा। सामान की तलाशी—हाथ पैर वस्त्रों की तलाशी। यात्रा का रजिस्ट्रेशन कार्ड—"अच्छा जाइये अभी दो घंटे की ढील है कर्फ्यू में...निकल जाइये ठिकाने पर।" ठिकाने का हमें पता नहीं है...हम काउंटर खोज रहे हैं जो अमरनाथ यात्रा सम्बन्धी जानकारी दे। काउंटर का भी पता नहीं है। हमारे जैसे सैकड़ों, हज़ारों यात्री हैं जो पहली बार जम्मू स्टेशन पर उतरे हैं...जम्मू जो जम्मू-कश्मीर राज्य की शीत कालीन राजधानी है, किन्तु शीतकाल में भी राज्यपाल तथा अधिकारियों को छोड़ यहाँ रहने में कोई मुख्यमन्त्री रुचि नहीं रखता। इसलिए जम्मू-क्षेत्र के लोग राज्य में स्वयं को उपेक्षित महसूस करते हैं।

स्टेशन के बाहर दुकानें बन्द हैं। चाय के दो ठिये अवश्य हैं जिन पर यात्री टूट पड़ रहे हैं। आज जम्मू बन्द का भी दूसरा दिन है। बालटाल में अमरनाथ यात्रियों के आस्था आवास को ज़मीन क्या मिली कि सम्प्रदायवादियों, अलगाववादियों का दिन ख़तरे में पड़ गया। दरअसल सरकारों की नीतियाँ ही गलत रहीं कि कश्मीर भारत के लिए नासूर बन गया है। फ़िलहाल जम्मू बन्द है—पिछले सप्ताह कर्फ्यू लगा था जो पूरी तौर पर अब तक नहीं उठा है। जम्मू शहर की अधिकांश आबादी हिन्दू है, इनमें वे लोग भी शामिल हैं जो कश्मीर घाटी से लुट-पिट, अपमानित हो जान बचाकर भागे हैं। जिन्हें 15 वर्ष पहले आतंकवादियों व उनके घाटी स्थित एजेंट अलगाववादियों के कारण घर द्वार, ज़मीन-जायदाद छोड़नी पड़ी।

ते हिन्दू उस समय सड़कों पर उतर आए, जब जम्मू-कश्मीर सरकार ने अमरनाथ श्राइन बोर्ड को आवंटित की हुई वह ज़मीन वापिस लेने का फैसला कर लिया जो अमरनाथ यात्रियों के आवास व अन्य सुविधाओं हेतु दी गयी थी। यह आश्चर्यजनक और दुखद तथ्य है कि श्रीनगर की सड़कों पर हज़ारों मुस्लिम प्रदर्शनकारी भूमि दिए जाने के विरोध में उतर आये तो काँग्रेसी मुख्यमन्त्री गुलाम नबी आज़ाद ने फौरन वह जमीन विवादित मान वापिस ले ली। मुफ्ती मोहम्मद सईद का दल पी.डी.पी. तो आग भड़काने में सबसे आगे रहा और है। लोग भूले न होंगे कि 1989 में भांडा फोड़ने की घोषणा करनेवाले वी.पी. सिंह ने उत्तर प्रदेश के

मुस्लिम मतों का गणित ध्यान में रखते हुए मुफ्ती को मुजफ्फरनगर (उ.प्र.) से चुनाव जितवाकर अपना गृहमन्त्री बनवाया था, जिसने अपनी बेटी को अपहर्त्ताओं (आतंकवादी) से छुड़ाने के लिए फिरौतीस्वरूप जेल में बन्द कुख्यात आतंकवादी अजहर मसूद और उसके साथियों को रिहा करवा दिया था। यह इसी देश में सम्भव था! इस लोकतन्त्र की बलिहारी।

कश्मीरी मुस्लिम भाइयों के प्रदर्शन का आधार ही ग़लत रहा है। उनका नेतृत्व और वह जानते हैं कि देश के हर बड़े शहर में हज-भवनों के निर्माण के लिए सरकारी ज़मीन दी गयी है। हज यात्रा के लिए सरकार द्वारा बड़ी मात्रा में सब्सिडी भी दी जाती है और यह अच्छी बात है। तो अमरनाथ यात्रियों के आवास हेतु थोड़ी सी ज़मीन देने में क्या बुराई हैं? फिर वह भी स्थायी नहीं—सिर्फ़ यात्रा के समय कैम्प बनने थे, दो माह के लिए और वह ज़मीन सरकारी ही रहनेवाली थी। इससे कश्मीर या कश्मीरियों का क्या नुकसान होनेवाला था?

हम अपना बोझ कन्धों पर लादे खड़े थे। तिपहिया-चौपहिया वाहन खड़े अवश्य थे पर उनके चालक कहीं ले जाने के बजाय बस इतना कह देते कि स्टेडियम जाइए। कैसे?... बाहर देख लो।

"बाहर तो सुनते हैं कर्फ्यू है...।"

"तो हम क्या कर सकते हैं...।"

हाँ, हिन्दुस्तानी आम आदमी कुछ नहीं कर सकता। वह जायज़-नाजायज़ तरीके से पेट भर सकता है...जाति और धर्म के नाम पर बसें फूँक सकता है...इस उस बहाने पत्थरबाजी, गोलीबारी कर सकता है और यह सब करनेवालों को सरकार, नेता बना सकता है...फिर सिर पकड़कर रो सकता है।

शर्मा जी फिर निराश हो उठे—"हमने तो कहा था कि कटारे जी अगले बरस देखेंगे।" पं. कैलाश नारायण पारसेन गाँववाले 'फौजी' ने हिम्मत जताई—अब आ तो गये ही...फिर भोले बाबा जो करें। चलो बाहर चलते हैं। शंकर राठौर ने मेरा बैग लिया—"दादा! तुम ये थैला ले लो।" थैले में कुछ नाश्ता आदि व पानी की बोतलें थीं।

हम स्टेशन परिसर से बाहर पहुँचे ही थे कि दो बसें घुसती हुई दिखाई दीं। गेट पर खड़े एक व्यक्ति ने बुलाया—'अमरनाथ यात्री इसमें बैठें...'

हम लौटकर बस के पीछे दौड़े। पहुँचने तक बसें भर चुकी थीं...हाँ, खड़े होने की जगह मिल गयी। बस ने हमें चार किलोमीटर दूर भगवती नगर स्थित आसाराम बापू यात्री निवास के द्वार पर उतार दिया। यहाँ सी.आर.पी.एफ. व प्रान्तीय पुलिस की दोहरी खाना तलाशी थी और लम्बी लाइन। ऊपर से बदरी की धूप, उमस और थकान के साथ अनिश्चय।

पुलिसवालों ने ख़ाना तलाशी में लोगों की बीड़ी-माचिस, तम्बाकू-गुटखा,

ब्लेड, सैफ्टी पिन तथा फल काटने के लिए लाए गये छोटे से चाकू तक बाहर रखवा लिए। मैंने निवेदन किया कि भाई ये मेरा चाकू तो मात्र दो इंच का है और ब्लैड...।

'आगे बढ़ो...आगे। ओ बाबा!! बहस करता है कि चलता है?... अच्छा तू पीछे हट...!'

उनकी दृष्टि में अवांछित सामग्री द्वार पर इकट्ठे हो रहे ढेर में फेंककर हम आगे बढ़े। भीतर घुमावदार प्रवेश के पश्चात एक और चैकिंग।...फिर दस रुपये प्रतियात्री शुल्क की दर से हाल नं 3 में जगह मिली। एक हाल में लगभग सौ से डेढ़ सौ यात्री तक समाते हैं। सार्वजनिक शौचालय और स्नानागार हैं किन्तु मुफ्त के माल का दुरुपयोग कोई हम हिन्दुस्तानियों से सीखे—''महिलाएँ कपड़ों की पोटली बाँधकर धोने के लिए स्नानागारों में जा घुसीं...पुरुष भी क्यों पीछे रहें...घंटे भर में बड़ी-बड़ी टंकियों का पानी खलास। शौचालय भी लिथड़कर उबलने लगे...बस मेरा काम हो जाए और मरें या जिएँ...अपने को क्या लेना देना?

बीस रुपये में यहाँ बिछाने के लिए फर्श भी मिल रहा था। भीतर ही काउंटर पर बस टिकट की खिड़की थी—160 रुपये प्रति यात्री...पहलगाम तक। लक्जरी बस का तीन सौ...। शर्मा जी लाइन में लगकर अगली सुबह के लिए ले आये। यह सूचना भी कि बाहर मुफ्त में चाय-नाश्ता बँट रहा है। यह व्यवस्था लालड़ू मंडीवालों की ओर से 'शिवशक्ति मंडल दिल्ली' के सहयोग से की गयी है। रात्रि में भोजन भी निःशुल्क। आसाराम बापू यात्री निवास के द्वार पर 'हिन्दू शिव सेना जे एंड के' का अँग्रेज़ी बैनर टँगा है...स्वागत करते हुए। इसके कार्यकर्त्ता भीतर-बाहर व्यवस्था में भी सहयोग कर रहे हैं। जूठी प्लेटें, थालियाँ उठाकर साफ़ कर रहे हैं। हमारे यहाँ के हुल्लड़ी शिव सैनिकों से ये कुछ अलग लगे... विनम्र भी। यह सेवादारी इन्होंने शायद सिख पन्थ से ग्रहण की है। कुछ सिख भी यहाँ सेवा करते दिख रहे हैं। सायं छह बजे जम्मू-कश्मीर के शिक्षामन्त्री गुलचेन सिंह चांडक भी व्यवस्था देखने आये। इसी परिसर में सी.आर.पी.एफ. द्वारा दिन-रात की चिकित्सा सुविधा उपलब्ध कराई गयी है। जनरल स्टोर, मेडिकल स्टोर तथा इंटरनेट की भी सुविधा।

लंगर, परसाद तथा स्वादिष्ट भोजन तो है ही। हमारी ही बगल में गुजरातियों का एक बड़ा दल आ पहुँचा है—औरत-मर्द कोई साठ-सत्तर लोग होंगे। बच्चों, नवविवाहित से लेकर वानप्रस्थी उम्रवालों तक। उनकी अपनी वेशभूषा है—लम्बी, घेरदार चुन्नटों के पहनावेवाली ढीली पायजामी और चोली जैसा फुँदनोंदार कुर्ती। बहुत गिचपिच हो गयी है। सुबह चार बजे बस पकड़नी है—बस नं. 22 सीट न. 44 से 47 तक। भीड़भाड़ में मुझे यूँ भी नींद नहीं आती...।

रात तय किया था कि दो बजे जगकर फ्रेश हो, नहा–धोकर प्रातः चार बजे तक तैयार हो जाएँगे। आठ बजे हम भोजन पा चुके थे। ग्यारह बजे आँख लगी तो साढ़े आठ बजे से सोये शर्मा जी 11:30 बजे हिलाकर पूछने लगे कितने बज गये? मैं झुँझलाया, उन्हें समय बताया और झपकी ली ही होगी कि 1:30 बजे पास की हलचल से जगा तो पाया कि शर्मा जी नहा–धोकर हनुमान चालीसा बुदबुदा रहे थे। कैलाश पंडित जी नहाकर सीधे चायवाले के यहाँ पहुँचे। भाई! ग़ज़ब पाचन शक्ति है इन दोनों ब्राह्मणों की। जमके खाना...प्रेम से पचाना और एक ही बार में फटाक़ से फ्रेश। मैंने तीन बजे चाय पी, निवृत्त हो नहाया, पुनः चाय पी और दोबारा निपटने पहुँचा। अब शौचालयों, स्नानगृहों पर क़तारें लगी हुई थीं। प्रति मुंड पाँच मिनट भी दिए जाएँ तो घंटे भर से पहले भीतर प्रवेश की सम्भावना न दिखती थी। मुझे ऐसी यात्राओं का थोड़ा–सा अनुभव है। निर्माणाधीन यात्री आवास में ऊपर के कक्ष कुछ ख़ास व्यक्तियों या समूहों के लिए आरक्षित थे।

आधी रात के बाद बरसात होने लगी थी, अतः लंगरवालों को चाय बनाने तक में परेशानी खड़ी हो गयी। वह लोग टैंट के नीचे बना पका रहे थे। भागते–भागते चाय भी पिला रहे थे। बरसते पानी में बस के लिए निकले—मैदान में कीचड़ और पानी। खोजबीन करते एक क़तार में 22 नं. बस मिल गयी। हमें सबसे पीछे की सीटें मिली थीं जिनकी खिड़की का काँच टूटा हुआ। बस का पनाला सीट पर ही आकर ठहरता था। साढ़े पाँच बजे बसों का काफिला निकला। आगे पीछे सुरक्षा गार्ड। सड़क के किनारे भी सशस्त्र रक्षक... हर दस मीटर की दूरी पर दो सीट पर गिरते पानी ने सराबोर कर दिया। इधर हवा और शीत भी बढ़ गया था। बैग में पानी बैठ गया... शॉल गीली हो ही चुकी थी। ठंड से सिर में दर्द होने लगा। दो बजते बजते हिम्मत जवाब देने लगी। आगे अनन्तनाग था। इस बीच बस दो स्थानों पर रुकी—चाय–नाश्ते के लिए। वही धार्मिक ठिये...सेवादारी। आग्रह—कुछ तो लीजिए। पं. कैलाश नारायण, शर्मा जी व शंकर इच्छित वस्तु खा–पी भी रहे थे...। मैं मात्र चाय ले रहा था। भय यही कि रास्ते में पेट गड़बड़ करने लगा तो? ठंड और सिरदर्द के कारण मैंने कानों से मफलर लपेट रखा था। साफ़ पाजामा निचोड़ा और लुंगी लगाई तो थोड़ी राहत मिली। अब लघु शंका ने जन्म लिया, पर कॉनवाय तो अपनी तरह चलता और आता है। एक शंका और उठी कि ससुर तुम हृदय रोगी...साठ के फेर में आ पहुँचे और मन को अभी जवानी में ही अटकाये हो। कहीं कुछ हो ही गया तो...? पर अब बरसात बन्द हो गयी थी। धीरे–धीरे गर्मी भर रही थी शरीर में। गीले कपड़े उसी टूटी खिड़की में अटका लिये, सूखने के लिए। इसके पहले बाबा का ख़ूब स्मरण किया था कि इस पानी और शीत से बचाओ...राहत तो तब मिली जब माँ पार्वती का स्मरण किया कि बाबा हमारी तो सुन नहीं रहे मैया तुम्हीं कुछ

करो। जो हो आकाश में बादल भर रह गये। भय अब भी था कि घिरकर बरसने न लगें। लंगर जगह-जगह खुले थे...आग्रहपूर्वक खिलाते। सबसे अधिक लंगर पंजाबवालों के थे...दूसरे क्रम में दिल्ली थी। हरियाणा, हिमाचल व कुछ उत्तर प्रदेश के बैनर भी लगे दिखे।

अभी तक हम जम्मू क्षेत्र में थे, घाटी में उतरते ही हिन्दुओं की संख्या न्यूनतम हो गयी। सौ किलोमीटर कश्मीर घाटी पार कर आये और एक भी लंगर नहीं मिला। हाँ सी.आर.पी.एफ. तथा सेना की उपस्थिति बढ़ गयी थी। गाड़ियाँ तो सुरक्षा घेरे में चल ही रही थीं; रास्ते में भी सैनिकों की चुस्त निगरानी। अनुभव स्पष्ट था कि कश्मीर में हालात सचमुच अच्छे नहीं हैं तथा यहाँ यदि भारत सरकार है तो सेना की शक्ति के बल पर। सेना व सशस्त्र अर्धसैनिक बल न हों तो इस यात्रा से सुरक्षित केवल बाबा अमरनाथ की कृपा ही लौटा सकती है।

घाटी क्षेत्र में पानी प्रकृति की सबसे बड़ी सौगात है—उसे बस अपने खेत या बग़ीचे की ओर मोड़ना होता है... यूँ ही निर्बाध, मुक्त बह रहा है इस क्षेत्र में पानी। सड़क किनारे खड़े बच्चे बसों की ओर देखते खुश हो हाथ हिलाते हैं किन्तु गाँव में खेतों पर काम करते, चलते-फिरते स्त्री-पुरुष जैसे न खुश हैं न दुखी। कोई उपेक्षा भाव उनके चेहरों पर पुता है। मैंने दो-तीन स्थानों पर पुरुषों के झुंड की ओर टूटी खिड़की से हाथ हिलाया। दूसरी ओर कुछ आँखों में चमक भी दिखी पर उत्साह भरा प्रत्युत्तर न मिला। लगता था कि कोई है जो इन पर नज़र रख रहा है कि इन यात्रियों, हिन्दोस्तानियों से दूर रहो अन्यथा...। घाटी में खुशहाली स्पष्ट है (यह लिद्दर नदी की घाटी है) किन्तु इन सम्पन्नों की आँखों में आत्मीयता का अभाव ही दिखाई पड़ा।

गरीब यहाँ भी हैं—सड़क मज़दूर, खेत मज़दूर, कामगार औरतें। सम्पन्नों के बीच इनके चेहरे अलग पढ़े जा सकते हैं। इन गरीबों को शायद पेट से फ़ुर्सत नहीं किन्तु सड़क किनारे के कोठी, मकानवाले श्रीमानों, दुकानदारों में यात्रियों के प्रति अजब उदासीनता थी। बहुत कम लोग जानते हैं कि घाटी में हर जीवनोपयोगी वस्तु राशन, चीनी, किरोसीन, दवाइयाँ, किताबें, कपड़े न्यूनतम शासकीय मूल्य पर उपलब्ध कराये जाते हैं। हर वस्तु उस भाव जिस भाव सीमा पर पहरा देते सैनिक को मिलती है। ये सुविधाएँ वहाँ के सम्पन्न ही अधिक डकार रहे हैं और इन्हीं में से अलगाववादी हैं। यह जाना-बूझा तथ्य है कि हर आतंकवाद समर्थक अलगाववादी कश्मीरी सम्पन्न है। वह हिन्दोस्तान और पाकिस्तान दोनों ओर कश्मीरियत की दलाली खाता है। इन्हीं लोगों ने घाटी से हिन्दुओं/पंडितों को भगाकर उनके घरों, खेतों, बगीचों पर क़ब्ज़ा किया है। जवाहर टनल पारकर आप घाटी में पहुँचेंगे तो (शहरों की बात अलग है) किसी गाँव में आपको मन्दिर, गुरुद्वारा या चर्च दिखायी

नहीं देगा। वहाँ की स्थिति का अन्दाज़ा वहाँ चार-छह महीनों से रह रहे सैन्यकर्मियों से बातचीत करने पर लगता है।

यह अवश्य है कि गुलाम नबी आज़ाद की सरकार बालटाल प्रसंग की नाकामी को छिपाने के प्रयास में यात्रियों पर पूरा ध्यान दे रही है...यद्यपि यात्रियों की संख्या आधी से भी कम हो चुकी है। सूरज डूबने के साथ ही हम पहलगाम पहुँच गये। कैम्प से कोई आधा किलोमीटर पहले बसों से उतरना पड़ा। चैकिंग की पंक्ति में गुज़रते हुए कोई घंटा भर लग गया...। अब पहाड़ों पर धुँधलका फैल गया था। चैकिंग पोस्ट से निकलते ही होटलवालों ने घेर लिया। तीन सौ से चार-पाँच सौ प्रति यात्री कमरा (महँगे होटलवाले बसवालों को नहीं तलाशते... इनके ग्राहक और होते हैं) कमरे में टी.वी. भी मिलेगा। एक तो पाँच सौ रुपये में हम चारों को कमरा देने को तैयार था। नहाने के लिए गर्म पानी भी। वे लोग यात्रियों की संख्या कम हो जाने से मायूस हैं इसलिए रेट आधी कर दी है किन्तु हमें बताया गया था और अनुभव भी था कि ठहरने के बाद चीज़ों के दाम बढ़ना शुरू हो सकते हैं। चाय...खाना, टैक्स, सुरक्षा जैसे किसी भी नाम पर। हम तो खैर चार हैं पर ऐसे में अकेले या महिला साथ होने पर मुश्किलें बढ़ जाती हैं। परदेस में आप लड़ भी नहीं सकते।

हमने सरकारी कैम्प को ही चुना जिसमें टेंट लगे थे। हल्की-सी तलाशी फिर हुई और हम सुरक्षा घेरे में बने कैम्प के भीतर हुए। यात्रियों की कमी से यहाँ भी टेंट खाली थे। पहाड़ की ढलान पर तारफेंसिंग में कोई तीन सौ टेंट तो होंगे ही। यहाँ भीतर ही छोटा-सा बाज़ार है। नाइयों की दुकानें हैं—दस रुपये में शेव...शेव के साथ कटिंग पच्चीस रुपये में। हज्जाम स्थानीय हैं और उन्हें पलभर की फुर्सत नहीं है। यात्री आते जा रहे हैं...दिन में तो ये शायद खाली रहे होंगे। लंगर, भोजनालयों, में भटूरे, चाट पकौड़ी, दूध ब्रेड, चाय बिस्कुट...जाने क्या भाँति-भाँति के व्यंजन...दक्षिण उत्तर पूरब पश्चिम सभी दिशाओं की डिश। देश भर की अनेक संस्थाएँ पुण्य लाभ अथवा यात्रियों की सुविधा के लिए लाखों व्यय कर रही हैं। यह सेवादारी दो महीने जारी रहेगी। चिकित्सा सुविधा यहाँ भी उपलब्ध है।

हमें चार सौ में एक टेंट मिल गया। टेंटों की गलियों में थोड़ा चढ़कर। ज़मीन गीली, किचकिची है। रास्ते या टेंट गली में भी कीचड़...बच बचाकर-निकलना पड़ता हैं। टेंट में चालीस वाट का बल्ब पच्चीस वाट जितनी पीली मरियल रोशनी फेंकता हुआ। बस चीज़ें दिख भर रही हैं। मैं दिन भर को काग़ज पर दर्ज करना चाहता था किन्तु यहाँ यह सम्भव ही नहीं। ठीक भी है—लेखक की तरह यात्रा चाहते हो तो टैक्सी लो, होटल में ठहरो...। सामान्य भारतीय की तरह मात्र तीर्थ यात्री हो और विवरण दर्ज करना चाहते हो—अँग्रेज़ी लेखकों की भाँति। ये मुँह और

मसूर की दाल! लेखक होने का भ्रम भी पाला तो गरीब हिन्दी के सहारे...! किन्तु मैंने इस तरह दो-तिहाई भारत का भ्रमण किया है इसलिए अनुभव है कि हिन्दी या अन्य भारतीय भाषाओं के लेखकों को जहाँ जब भी अवसर मिले यात्रा करते हुए देखे, सुने, पढ़े को टीप लेना चाहिए। मैं छोटी-सी नोटबुक और कलम साथ लेकर ही चला हूँ। बहरहाल...।

टेंट में एक ओर रजाइयों का ढेर है। रजाइयाँ सीली हैं...गन्धा भी रही हैं। नीचे सीर ऊपर की गीली गन्ध। 'नहीं भाई हम इसमें नहीं सो पाएँगे।' टेंट में लानेवाला नौजवान रुकने की कहकर बाहर जाता है और पाँच मिनट में चार हल्के-हल्के कम्बल ले आता है। कम्बल की सीलन छिपी हुई है—महसूस नहीं होती और गन्ध भी कम है। हम भी दिनभर की कष्टप्रद यात्रा से इतने थके और त्रस्त हैं कि नये सिरे से टेंट खोजने की सामर्थ्य नहीं है। अभी घर पर फ़ोन करना है...मेरा मोबाइल तो जम्मू-कश्मीर की सीमा में पहुँचते ही डिबिया बनकर रह गया—हाँ ख़ाना तलाशी लेनेवाले अवश्य उसे सन्देह की दृष्टि से परखते हैं, किन्तु जैसे हमारे चेहरे पर ही तीर्थयात्री की दयनीयता लिखी है—'अच्छा बाबा! बढ़ लो आगे।'

टेंटवाले नौजवान ने कहा, "बाथरूम संडास देख लीजिये...वो उधर किनारे पर बने हैं...।" मैं साथ हो लिया—टार्च लेकर। मुझे जाना भी था। पहाड़ के किनारे अस्थाई पाइप लाइनें बिछी हैं, उन्हीं में से नलों के कनेक्शन हैं। टीन के तख्ते जोड़कर स्नानागार बनाये गये हैं...उसी प्रकार शौचालयों के लिए ओट की गयी है। शौचालय के पात्र लोहे के एंगलों में बेल्डिंग से जोड़कर एक सीध में हैं पाँच से लेकर दस तक की संख्या में। इस ओर थोड़ी-थोड़ी दूरी पर ऐसे पाँच शौचालय हैं। ज़रूरतमन्द एक सीट पर चढ़े तो उसी एंगिल में कसी पाँचों या दसों बैठकें हिलने लगती हैं। चिपकनी, चिकनी मिट्टी से भी ये लिसड़ जाते हैं। सावधानी से सवार न हुए तो रपटकर हाथ-पैर छील या ज़ख्मी कर सकते हैं। आपके पास शौच के लिए बोतल न हो तो दो रुपये में पानी भरी बोतल या डिब्बा मिल सकता है। कुछ यात्री शौचालयों में न जाकर अन्धेरे का लाभ उठा लेते हैं...फटाफट ताकि ऊपर की ओर पहाड़ी पर लटके प्रहरियों या किसी व्यवस्थापक की निगाह न पड़े। हम हिन्दुस्तानी ऐसे काम कर लेने में परम्परागत रूप से कुशल हैं यद्यपि यही गन्दगी पानी बरसने पर उन्हीं टेंटों की ओर नीचे बह आती है। हमारी श्रद्धा इस गलीजपन पर कोई ध्यान नहीं देती।

लौटकर भोजन के लंगरों, भंडारों की ओर निकलना है। शर्मा जी जरूर बड़बड़ा रहे होंगे। वह सदैव जल्दी में रहते हैं। वही बात निकली। पहुँचते ही खिन्नता से बोले, "कटारे जी, आप बहुत देर लगाते हैं।" मैं क्या उत्तर देता? इतना ही कहा, 'चलिए।'

एक स्टॉल पर रुककर घर फ़ोन किया कि 'सुरक्षित पहलगाम पहुँच गये हैं। कोई परेशानी नहीं। यहाँ पूरी शान्ति है।' और सचमुच शान्ति है यहाँ। टेंटवाले, दुकानदार, डॉक्टर, छोटे-छोटे कामगार सभी कश्मीरी हैं...सभी मुस्लिम किन्तु उनके चेहरों पर यात्रियों के प्रति कोई अनमना भाव नहीं...कहीं उपेक्षा नहीं। हाँ, यात्रियों की संख्या कम हो जाने से एक ख़ास किस्म की मायूसी अवश्य है। इन दो महीनों के भीतर ही ये लोग साल भर के दाना-पानी का आधार बनाते हैं।

वैसे पहलगाम प्रसिद्ध पर्यटन स्थल है, किन्तु इन देशी विदेशी पर्यटकों का काम टूर पैकेजवाली संस्थाओं, बड़े-बड़े होटलों को ही अधिक मिलता है। गरीब के हिस्से में तो यदाकदा की मज़दूरी तथा कृपापूर्वक दिया गया ईनाम-इकराम-बख्शीश ही रह जाता है। यह प्रमाणित तथ्य है कि अमरनाथ यात्रियों की बढ़ती संख्या के कारण कश्मीर घाटी में रोज़गार बढ़ा है, आय बढ़ी है तथा इस सबसे ऊपर यह कि देश के विभिन्न भागों के लोगों से मिलना-जुलना और सम्पर्क बढ़ा है। आम कश्मीरी की समझ बढ़ी है। वह उत्तेजना पैदा कर अविश्वास, वैमनस्य फैलानेवालों को पहचानने लगा है। हाँ, अभी उनमें मजहब के राजनीतिक धन्धेबाजों के विरोध का साहस नहीं पैदा हुआ है। पर्यटकों के लिए यहाँ अनेक आकर्षण हैं—सुन्दर घाटी, घुड़सवारी, मत्स्य आखेट, खेल मनोरंजन के अनेक साधन। यहाँ अनेक फ़िल्मों की शूटिंग हुई है। पहलगाम लिद्दर नदी के किनारों पर बसा है जिसका सुन्दर स्वच्छ जल आँखों को तो भाता ही है...मुँह पर छींटे मारो तो जी जुड़ा जाता है। आसपास हरनाग, लिदरावट कोलाहुई ग्लेशियर हैं। यहाँ आठवीं शती में निर्मित शिव मन्दिर भी है।

यह सारी जानकारी मुझे उस नौजवान ने दी जो हमें टेंट तक लाया था। टेंट में पहुँच पसर गये थे तथा यदि मौसम अनुकूल रहा तो सुबह ही निकल पड़ना है। खराब मौसम में कभी-कभी तो चार, छह दिन तक पहलगाम के आधार शिविर में रुकना पड़ता है। बहुत बार बर्फ़बारी तथा मार्ग अवरोध के चलते भी यात्रा रोकनी पड़ती है।

पं. कैलाश नारायण और शर्मा जी सुबह चार बजे अर्थात् ब्रह्ममुहूर्त्त में ही प्रवृत्ति से निवृत्त हो स्नान करके आ गये। यहाँ शीत काफी अधिक है। मैंने सीली रजाई के नीचे कम्बल व उसके नीचे अपनी लोई मिलाकर ओढ़ी थी। ऐसे में खुले नल पर ठंडे जल से नहाना सीधे काल से आँखें लड़ाने जैसा है और यह चमत्कार ये पंडित द्वय कर आये थे। मैं गुपचुप पड़ा रहा...मुझे स्नान की नहीं फ्रेश होने की चिन्ता थी।... पर कब तक समय को ठेलता। सब जगह जगार व चहलपहल थी। टेंट व

इन शौचालय, स्नानघरों के बीच प्रकाश व्यवस्था बहुत लचर है। जनरेटरों से उजाला किया जा रहा है। मैं टार्च के सहारे गया और कोई आधा घंटे में लौट आया। शंकर चाय ले आया था तो पीकर दोबारा गया और आ गया।

अब चन्दनबाड़ी जानेवाली बसों के लिए भागमभाग थी। बैरियर के आगे यात्रियों का हुजूम...अपने-अपने थैले, पोटली लादे, लटकाए अथवा सिर पर धरे हुए। इस समय जीवन का यही लक्ष्य कि मैं पहले। सी.आर.पी.एफ.वाले पंक्ति बनवाने लगे तो आगे अवसर पाने के लिए धक्कामुक्की, बेईमानी, झूठ, बेशर्मी शुरू। हम अपनी धार्मिकता में झूठ, मक्कारी भली-भाँति निभा लेते हैं। विश्व का सबसे प्राचीन धर्म है हमारा, सबसे बूढ़ी सभ्यता, अतः स्वार्थ के सैकड़ों रास्ते भी अन्वेषित कर लिये हैं हमने। हमें किसी का गला काटने के लिए भी कोई न कोई पौराणिक उदाहरण मिल जाएगा। पीछे रह गये तो जाने कितना पीछे रहना पड़े। होते हवाते बैरियर पार कर क़तारों में खड़ी बसों की ओर भागे और एक बाईस सीटवाली मिनी बस में खड़े होने की जगह पा ही गये। अनुमान है कि इस बस में 32-34 लोग तो समाए ही होंगे। अब मेरा ध्यान गया कि इनकी बनावट सजावट कुछ विशेष है जैसे हर खिड़की पर काँच के आगे जाली लगी है ठीक उसी प्रकार जैसे हमारे यहाँ दंगारोधी पुलिस की गाड़ियों या क़ैदियों को लाने ले जानेवाली गड़ियों पर लगी होती हैं। कारण शायद यह होगा कि कश्मीर घाटी में विरोध प्रदर्शन का धार्मिक तरीक़ा है पत्थरबाजी और इसकी शिकार बसें तथा स्ट्रीट लाइट सबसे पहले होती हैं। जिहादी नेता बम फेंकने का प्रशिक्षण पत्थर फेंकने से ही शुरू करते होंगे।

चन्दनबाड़ी पहलगाम से 16 किलोमीटर ऊपर है...निरन्तर घुमावदार चढ़ाई। लिद्दर नदी के किनारे-किनारे। पहाड़ों में सारे रास्ते नदियाँ ही बनाती हैं फिर उन्हें अपने लिये सँवार लेता है आदमी। पहले पहलगाम से ही पैदल यात्रा शुरू होती थी अब सड़क बन चुकी है। अनुश्रुति है कि माता पार्वती को अमरकथा सुनाने के लिए भोले भगवान ने यहाँ नन्दी को छोड़ा था और यहाँ से पैदल चले थे। इसके पूर्व अनन्तनाग नामक स्थान पर वह सर्पों को छोड़ आये थे। कुल मिलाकर यह पूरा क्षेत्र शिव-क्षेत्र है। शैवदर्शन की चिन्तन भूमि तथा अल्पतम में जीवन निर्वाह करने की प्रेरणा-भूमि। शिव की गृहस्थी कितनी है? एक बैल सवारी के लिए...गहना गुरिया-गले में सर्पहार व कानों में बिच्छू के कुंडल अर्थात् संसार में जो विषधर हैं उन पर काबू कर उन्हें पालतू बनाने की सामर्थ्य। यही नहीं जो दुख या त्रास या दाह रूपी गरल है...लाओ उसे भी हम पिये लेते हैं...तुम सब जियो। रहने को घर नहीं तो हम श्मशान में रह लेंगे...यह सब। पर यह भी कि हाथ में त्रिशूल है और मस्तक पर तीसरा नेत्र भी। संसार का कोई भी देवता, भगवान, ईश्वर, शिव जितना सहज नहीं। इसीलिए वह देवाधिदेव हैं...महादेव हैं और मात्र वही एक हैं जो भगवान

होकर भी दीन दुखियों की ख़बर लेने भ्रमण पर निकलते हैं।

तो हमारी बस अमर-कथावाले मार्ग पर चढ़ रही है। 16 किलोमीटर का किराया है—साठ रुपये। बस यहाँ दौड़ती नहीं...हाँफते... स्थान-स्थान पर दम भरती ऊपर की ओर चढ़ती है। सोलह किलोमीटर का मार्ग दो घंटों में तय होता है, किन्तु दृश्य इतने मोहक हैं कि बस यहीं उतरकर इनमें गुम हो जाने का मन होता है। यही स्वर्गीय सौन्दर्य, शान्ति तथा एकान्त तपस्वियों को अपनी ओर-खींचता रहा होगा।

चन्दनबाड़ी 9500 फुट की ऊँचाई (समुद्रतल से) पर स्थित पहाड़ी नदियों के संगमवाली छोटी सी घाटी का नाम है। मान्यता है कि भोले बाबा ने यहाँ पर अपने माथे का चन्दन छोड़ा था। यहाँ से आगे बढ़ते ही लिद्दर नदी पर सौ मीटर लम्बा बना बर्फ़ का प्राकृतिक पुल है तथा कुछ आगे बढ़ने पर पिस्सू शिखर की कठिन चढ़ाई।

यहाँ भी भंडारों, लंगरों, छोटे-छोटे स्टालों से भरी-पूरी गली से यात्री गुज़रता है...पूड़ी, कचौड़ी मीठा, नमकीन बिस्कुट, शर्बत सभी कुछ। ...कुछ तो ले लीजिए की मनुहार करते सेवक, सेवादार...सेठ। दोनों पंडित फिर उतर गये हैं पेट के स्वाद में। मैंने पानी पूरी ली है...। शंकर छोले-भटूरों का आनन्द ले रहा है। आगे चश्मों का बाज़ार गर्म है—बर्फ़ पर पड़ती धूप आँखों को चौंधियाती है ना! ऊनी टोपे, मफलर, बेंत। घोड़े-खच्चरवाले घेर लेते हैं। हम चार लाठियाँ (किसी स्थानीय लकड़ी की, गीली) ख़रीदते हैं। चढ़ाई पर सबसे बड़ा सहारा है यह। मेरे लिये एक घोड़ा/खच्चर तय होता है पिस्सू टॉप तक।...600 रुपये माँगकर घोड़ेवाला तीन सौ में राजी हुआ। अमरनाथ गुफा के तीन हज़ार... किन्तु दो-ढाई हज़ार के बीच में हो जाएगा। शर्मा जी व शंकर अपने बैग टाँगने के लिए भारवाहक तलाशते हैं...। दो बैग हज़ार रुपये। यह काफी अधिक लगा हमें। मोलभाव पर उतरते हैं। तीन दिन टूटेंगे भोले जी! वह कहता है। अन्त में मैं भी अपना बैग शामिल कर देता हूँ क्योंकि पिस्सू टॉप से अगले पड़ाव पर पैदल चलने की इच्छा है। आठ सौ में तीन बैग। पं. कैलाश नारायण ठहरे फौजी आदमी 'हम तो अपना बैग लिये चलेंगे।'

घोड़ेवाला बर्फ़ पुल पैदल ही पार करने को कहता है। रास्ते में बर्फ़ की कीचड़ है—मिट्टी, लीद और बर्फ़ सब गड्डमड्ड। अब बूँदाबाँदी शुरू हो गयी है। हमने अपनी बरसातियाँ पहन लीं। आगे थोड़ी दूर के बाद ही अत्यन्त कठिन चढ़ाई। बरसात ने इसे दूभर बना दिया है। आधी चढ़ाई तक तो अच्छे-अच्छों की हिम्मत और देह जवाब दे गयी। घोड़ेवाले यहाँ से भी मिल रहे हैं—चार सौ...पाँच सौ माँगते हैं—बस टॉप तक पहुँचा देंगे। मैं अपने निर्णय पर खुश हूँ—चट्टानों, फिसलन से भरा रास्ता...गहरी खाइयाँ...नीचे यात्रियों की सर्पीली क़तार। हाँफते, काँखते, निराश, दयनीय। भोले बाबा को पुकारते लोग...जैकारा लगाते लोग...सहायता

माँगती आँखें...यहाँ तक दुबारा न आने की क़समें खाते लोग भी। 'भोले बाबा यह चढ़ाई पार करा दे!' इस पिस्सू शिखर से भी कथा जुड़ी है। वही देव-दानव की सनातन ईर्ष्या और संघर्ष। दोनों ही ब्रह्मा की सन्तानें हैं, किन्तु इन त्रिदेवों, पितृदेवों की चाह का पलड़ा सदैव देवों की ओर झुका मिला मुझे। कारण शायद यह रहा हो कि दानव, राक्षस, असुर गँवार दिखते हैं...देवताओं की तरह चालाक नहीं कि बात-बात पर स्तुति गाने लगें। एक बात और भी कि ये अपने काम, क्रोध, लोभ, मोह को छिपा नहीं पाते, इसलिए प्रगल्भ हैं। यह भी कि वासनाओं पर काबू नहीं रख पाते सो त्रिदेवों को देव दानव संघर्ष में देवों के पक्ष में उतरना पड़ता है। पिस्सू टॉप की कथा के मूल में भी यही है। वस्तुगत यथार्थ तो यह है कि यह देह, मन और आत्म की ऊर्ध्व यात्रा है। वासना, कामना की ओर नीचे बहना गिरना सरल है, ऊँचे की ओर उठना सदैव कठिन होता है।

मुझे उतारकर घोड़वाला अपने अगले ग्राहक की खोज में चला गया और मैं मार्ग के किनारे ऊँचे से टीले पर बैठ प्रतीक्षा करने लगा साथियों की। चौदह हज़ार फुट की इस ऊँचाई पर ऑक्सीजन कम होने से साँस फूलने लगती है। पेड़ और वनस्पतियाँ नहीं के बराबर हैं यहाँ। पिस्सू टॉप पर दिल्ली की एक संस्था 'श्री शिवशक्ति सेवादार, दिल्ली' पिछले पन्द्रह वर्षों से लंगर लगाती आ रही है। ऊपर तीक्ष्ण ठंडी हवा है।

साथियों के आते ही हम चल पड़े। मैंने छोटी-सी बोतल में ग्लूकोज मिलाकर नीबू पानी भर लिया है। लाउडस्पीकर पर उद्घोषणा हो रही है—'यात्रियों से निवेदन है कि यहाँ ठहरें नहीं। मौसम किसी भी समय खराब हो सकता है इसलिए अगले शिविर की ओर बढ़ें अन्यथा वापिस नीचे की ओर लौटना होगा। पिस्सू टॉप और चन्दनवाड़ी में रात्रि विश्राम की व्यवस्था नहीं है। अब पतले से ढलानी रास्ते पर क़तार है यात्रियों की—बच्चे वृद्ध, जवान तीनों वय के स्त्री-पुरुष। डाँडियाँ, घोड़े और पैदल। चारों ओर जय भोले, जय भोले गूँज रही है।

अगला पड़ाव है शेषनाग—11730 फीट की ऊँचाई पर मात्र 9 किलोमीटर का रास्ता। इतना चलना मेरे लिये कठिन नहीं, यही सोचकर मैंने पैदल यात्रा अपनाई थी...आगे फिर कहीं घोड़ा ले लेंगे—बस यही दुखदायी हो गया। प्रकृति के अपूर्व दृश्यों का आनन्द उठाता चल रहा था कि पानी बरसना शुरू हो गया। वहाँ बूँदें भी जानलेवा हैं, मिट्टी इस कदर चिपकती है पैर खींचना कठिन हो जाता है। मेरी सारी चौकड़ी धरी रह गयी...साँस फूलने लगी। जूता एक-एक किलो का हो गया। ग्वालियर से ख़रीदी नयी बरसाती जगह-जगह से उधड़ गयी। बीच में एक दुरूह मोड़ पर लंगर मिला। सी.आर.पी.एफ. का कैम्प भी है। लंगर प्रथा सिखों के तीसरे ग़ुरु अमरदास से शुरू हुई—वह बिना किसी जातिगत भेदभाव के लोगों को एक

पाँत में बैठाकर भोजन कराते थे। न जाति न धर्म—न छोटा न बड़ा—बस जो हरि को भजे सो हरि का! मुग़ल सम्राट अकबर ने भी इस प्रथा की प्रशंसा की। आज तो यह सेवा का प्रमुख अंग है। सनातनियों ने यह प्रथा अपनाकर वन्दनीय कार्य किया है। 'शिवशक्ति सेवा मंडल 'बुलढाड़ा' पंजाब' व 'शिवशक्ति सेवादार' दिल्ली आदि लंगर, भंडारेवालों का व्यय करोड़ों में होता है जहाँ अपने-अपने कारोबार छोड़ लोग सेवादारी के लिए महीनों रुके रहते हैं। ये न हो तो मात्र श्री मान ही अमरनाथ यात्रा कर सकें। आम यात्री बहुत कम पहुँचे। किन्तु इस मुफ्त भोजन ने यह भी किया कि कई लोगों ने हर बरस यात्रा का नियम बनाकर भीड़ बढ़ाई है। इन्हें न प्रकृति से लेना-देना न स्थितियों से। बस दर्शन करना है...इससे औरों की सुविधा का अंश घटता है पर ये मूढ़ धार्मिक मानेंगे नहीं। अतिरिक्त पैसा है...समय है तो पुनि-पुनि दर्शन। बल्कि अपनी इस वीरता का ये नरपुंगव गर्व से बखान भी करते हैं। मेरी तो बात क्या हृष्ट-पुष्ट ललुए नौजवान तक पसर रहे हैं। उन घोड़ोंवालों से बात करते हैं जो लौट रहे हैं। कुछ युवा महिलाएँ गोद के बच्चे के साथ हैं...चेहरे पर हवाइयाँ हैं—सुनी थी कि चढ़ाई कठिन है पर यहाँ तो चलने में ही देह साथ नहीं दे रही। पति महोदय हलकान हैं...बच्चे को सँभालें या बीवी को।

मेरे पीछे दो लँगड़े रह गये हैं। घुटनों से नीचे पैर ही नहीं। कमर से नीचे टायर का पतरा बाँध रखा है—बस हाथों और धड़ के सहारे बढ़े जा रहे हैं—जयभोले! अस्सी से ऊपर की वृद्धाएँ निश्चय ही निम्न आय वर्ग से होंगी अन्यथा बिना घोड़े, कुर्सी यात्रा का जोखिम न उठातीं। हर दस क़दम पर बैठती हैं फिर चल पड़ती हैं...सामने आकाश की ओर तना पर्वत शिखर है...उसी के पास होकर रास्ता है...। "अम्मा ऐसे कब तक पहुँचोगी?"

"पहुँच ही जाँएगे भोले? बेटा साथ है...बाबा ने प्रेरणा करी है तो दरसन भी देंगे।"—गजब का विश्वास! मैं स्वयं को थोड़ा बेहतर अनुभव करता हूँ...साहस सँजोता हूँ...संकल्प लेता हूँ कि अगली बार आने का अवसर मिला तो किंचित् भी लोभ में न पडूँगा...। चन्दनवाड़ी से अमरनाथ गुफा तक के लिए घोड़ा लूँगा। अनावश्यक साहस बहुत भारी पड़ रहा है। स्वयं को भुलाकर प्रकृति की ओर देखता हूँ—गगनचुम्बी पर्वतों के विलक्षण कटाव। शिखर बादलों का अंगवस्त्र लपेटे हुए। कहीं बर्फ़ कहीं सूखे पर्वत। आकाश मार्ग से पिघली चाँदी की धारा की तरह उतरते झरने। एक ओर इतनी ऊँचाई कि देखने पर सिर की टोपी गिर जाए, दूसरी ओर ऐसी गहरी खाई कि तल तक नहीं दिखता।

ऐसे स्थानों पर मैं नीचे की ओर झाँकने से बचता हूँ...लगता है कोई तल के नीचे, मायावी अन्धेरे में से बाँहें फैलाकर पुकार रहा है। यदि कुछ क्षण और उधर देखा तो नीचे कूद पडूँगा। रास्ता सँकरा है तथा फिसलन भर गयी है...एक ख़ाली

घोड़ा खाई में लटक रहा है। उसके पिछले पैर ज़मीन पर हैं आगे के हवा में। घोड़े के स्वामी ने पूँछ पकड़ ली...वह घोड़े को पीछे की ओर खींचने तथा आगे की ओर गिरने से रोकने के जी-तोड़ प्रयास में है। तीन-चार घोड़ेवाले अपने घोड़े रोक उसकी सहायता को जुट आये हैं। दो घोड़े की पिछली टाँगों को आधार देने में लग गये। नीचे लुढ़कने पर आदमी हो या घोड़ा...बचने की कोई सम्भावना नहीं। घोड़ा अगले पैर हवा में चला रहा है...वे उसे पीछे खींचना चाहते हैं...और संयोग से अगला एक पैर ज़मीन छू गया। घोड़ें ने उसी पैर को कगार पर जमाया और पीछे की ओर छलाँग मार अगले दोनों पाँव मिट्टी पर ले लिये। हम सबके चेहरे पर आश्वस्ति उभर आयी।

ऐसे दृश्य रोज़-रोज़ हैं। कभी-कभी यात्री भी नीचे फिसल या गिर जाते हैं। अनेक शीत, वायु या हृदयरोग के आखेट होते हैं। हमने आज ही दो शव नीचे की ओर लौटते देखे हैं। मैंने शर्मा जी से कहा, ''सुनो यदि मेरे साथ कुछ ऐसा वैसा घट जाता है तो अपनी यात्रा अधूरी न छोड़ना। मैं तो यहाँ मरकर शिव का गण बन ही जाऊँगा। मेरे शव को ग्वालियर तक व्यर्थ क्यों ढोना?...अच्छा तो यही रहेगा कि खाई में सरका देना, 'जय भोले कहकर' अथवा बहुत ही दायित्व बोध उमड़े तो मार्ग के किसी कोने पर गाड़कर एक झंडा खोंस देना। मैं भक्तों की पूजा ग्रहण करता रहूँगा...उनकी इच्छाएँ पूरी करूँगा। तुम यात्रा के दो महीने यहाँ बैठकर मेरे पुजारी बन जाना। धीरे-धीरे भक्तजन यहाँ सुविधाएँ भी जुटा देंगे। तम्बू लग जाएगा...कोई न कोई लंगर-भंडारा भी खुलेगा। छोटा मोटा...। बहुत से यात्री जो अन्यान्य कारणों से अगले पड़ाव तक न पहुँच सकें...तो वहाँ रुक भी लेंगे। सबसे बड़ी बात यह कि हर वर्ष दो तीन लाख श्रद्धालु तो वहाँ होकर गुजरेंगे ही।...तो महेश पीर या सन्त महेश की समाधि पर कुछ चढ़ाएँगे भी। औसतन दस रुपये भी बने तो पच्चीस से तीस लाख तक का हिसाब होता है। मेरा आपका आधा साझा रहा। आप जानते हैं, जीते जी तो मैं परिवार को कुछ उपलब्ध करा नहीं पाया हूँ। यहाँ मरने पर मालामाल कर दूँगा, इसकी गारंटी है। मैंने देखा है कि शर्मा जी यह अशुभ-सा सुनकर घबराये हैं...क्षण भर में उनका तनाव कम भी हुआ है और वह भीतर-ही-भीतर मेरे तर्कपूर्ण विश्लेषण से सहमत भी लगने लगे हैं।

हमारे देश में धर्म से बड़ा व्यवसाय केवल एक ही है—राजनीति।...किन्तु वह भी धर्म और जाति के कन्धों पर सवार है। कश्मीर की राजनीति का तो अस्तित्व ही धर्म, मजहब पर टिका है। जम्मू कश्मीर को यदि धार्मिक व भौगोलिक दृष्टि से देखें तो स्पष्ट है कि एक हिस्सा जम्मू है जो हिन्दू बहुल है। दूसरा भाग कश्मीर घाटी है जो कश्मीरी पंडितों को भगाने या उनके जान, माल, इज़्ज़त बचाने के प्रयास में भागने के पश्चात पूरी तरह मुस्लिम जनसंख्या का है। तीसरा हिस्सा लेह लद्दाख

का है जहाँ केवल मुस्लिम व बौद्धों की आबादी है और धीरे-धीरे वहाँ मुस्लिम आबादी बढ़ रही है। यह अप्रिय अनुमान निकट भविष्य में वास्तविकता में भी बदल सकता है कि वहाँ से बौद्धों का भी पलायन प्रारम्भ हो जाए। क्या होगा तब? कुछ नहीं! हमारे नेता चुनावी गणित में मजहब और जाति के समीकरण बिठाते हुए कुर्सी हथियाने की चौपड़ पर देश और जनता की गोटियाँ पीटते रहेंगे। एक अटल सत्य भविष्य के पटल पर स्पष्ट लिखा दिखाई पड़ता है—कि इस देश की सीमाएँ फिर सिकुड़ेंगी।

ओह! मैं तो धार्मिक यात्री हूँ।...इतना क्यों सोच रहा हूँ? मुझे तो अमरनाथ के दर्शन कर अपनी कामना पूरी कर बाद में मुक्ति की प्रार्थना करनी है। इस असार संसार में पुनि-पुनि आने-जाने से छुटकारा पाना है। मेरी सन्तानें, परिवार, नाते-रिश्तेदार सुखी सम्पन्न रहे इससे अधिक मुझे क्या लेना-देना?

मेरे आगे प्रकृति का अनन्त सौन्दर्य है। आकाश जैसे शिखरों की नोक पर ठहरा है...अपने समय के साथ। आगे शेष नाग झील दिखाई दे रही है...मेरे पैर जवाब दे चुके हैं पर दृष्टि उस नयनाभिराम रूप की ओर है जिसके निकट मृत्युशय्या पर पड़ा हुआ भी पहुँचना चाहे।

आगे एक दृश्य था—अनेक धाराओं में बहती बर्फ़। जी चाहा कि यहीं बैठ इसे ही देखते रहें। एक पर्वत शिखर के शीर्ष, स्कन्ध तथा वक्ष से नीचे की ओर बहती बर्फ़। शंकर तड़ातड़ तस्वीरें लेने लगा। वह अपने किसी रिश्तेदार से डिजिटल कैमरा माँग लाया है, जिससे उसने यात्रा में सैकड़ों तस्वीरें खींचीं, किन्तु अफ़सोस कि सब डिलिट हो गयीं। हमें लग रहा था कि एकाध घंटे में इस दृश्य से आगे निकल जाएँगे पर यह ठहरा पहाड़ी रास्ता...हम उसके आसपास के घुमाववाली ही दूरी तय कर रहे थे। हाँ एक घंटे पश्चात झील दिखाई देने लगी। पहले तो लगा कि यह ऊँचे पर्वतों के बीच गहरे हरे-नीले रंग की बहती हुई जलधारा है जो काफी चौड़ी भी है किन्तु कुछ देर बाद जब और निकट पहुँचे तो आँखें बस देखती रह गयीं। यह तो सुने हुए स्वर्ग के दृश्य को जीते हुए देखने जैसा है। हरित नील जल में से उभरता हुआ हिम का महानाग अपने अनगिनत फन फैलाए सामने है। आक्रमण को उद्यत नहीं, आशीष की मुद्रा में उठे हाथ की भाँति स्थिर। फणीश्वर शेषनाग के फन से परम स्वच्छ जलधाराएँ एकत्र हो नद का रम्यरूप धारण कर आगे बढ़ी जाती हैं। झील के पार्श्व में ब्रह्मा, विष्णु, महेश नाम से पर्वत शिखर हैं। प्राचीन मान्यता है कि महोदव भगवान शंकर ने माँ पार्वती को अमरकथा सुनाने ले जाते समय यहाँ शेषनाग को नियुक्त किया था ताकि इस स्थान से आगे कोई भी प्राणी न जा सके। निश्चय ही

किसी समय यह पथ दुर्लंघ्य होगा। अब तो मनुष्य इसके ऊपर से उड़कर गुज़रता है। हम स्वयं अमरकथा स्थल की ओर जा रहे हैं। प्रकृति मनुष्य की दुर्दान्त इच्छाशक्ति व असीम लोलुपता के सामने आक्रान्त हो रही है तो उसने भी मनुष्य की दी जानेवाली सौगातें या वरदान समेटने आरम्भ कर दिए हैं। ग्लेशियर सिकुड़ रहे हैं, नदियाँ सूख रही हैं। भू जल स्तर क्रमशः धँसता चला जा रहा है। वनों के उजाड़ से जीवनदायी औषधियों की कोख बन्द हो रही है और यह अनिश्चित हो उठा है कि मनुष्य नाम की यह जीव-प्रजाति कितने दिन पृथ्वी पर बनी रह पाएगी? प्रकृति के अन्धाधुन्ध दोहन की अवधारणा जिस डाल पर बैठे हों उसे ही काटने जैसी है। अन्धे विज्ञानवादियों ने मनुष्य के विनाश का मार्ग चौड़ा बना दिया है। एक विश्वास यह भी है कि शेषनाग का वास आज भी इस झील में है। यात्रा के अन्तिम दिनों में जब छड़ी मुबारक यहाँ पहुँचती है तो उनके दर्शन होते हैं...यात्रा के दिनों में भी कभी-कभी हो जाते हैं। मैंने तो हिमनाग के दर्शन से ही स्वयं को कृतकृत्य मान लिया और मुझे आशंका है कि मेरी लालची, स्वार्थी, पीढ़ी अगली पीढ़ियों को इस दर्शन से भी वंचित करके ही छोड़ेगी।

अब हम झील के किनारे हैं और भगवान भास्कर पर्वत शिखर पर। दृश्य तो स्वर्गीय है ही, न दृश्य से आँखें हट रही हैं, न थके पैर आगे बढ़ रहे हैं...साँस तो जैसे फेफड़ों तक पहुँचने से पहले ही लौट आती है। सीना लुंजपुंज गुब्बारे-सा फूल पिचक रहा है जो कभी हवा पकड़ता है...कभी हवा उससे छूट जाती है। मन होता है कि इस नील-हरित झील को अंजुलि में भर लूँ...यह नागमणि-सी चमक रही है। यह झील जेहलम का उद्‌गम स्थल भी है।

झील के आगे एक बड़ा-सा मैदान है। इस समय यह टेंटों की बस्ती लगता है। सुना कि यहाँ एक रेस्ट हाउस भी है किन्तु हम जैसे सामान्य यात्री 'रेस्ट' नहीं करते, विश्राम लेते हैं। रात यहीं बितानी है। भूमि यहाँ भी गीली गिलगिली है। आगे बहुत से भंडारे लगे हैं...खाने पीने की कोई कमी नहीं—भोजन, चाय, केसरयुक्त दूध, पकवान, मिठाई...सबकुछ मुफ्त। इतनी अधिक ऊँचाई तथा दुर्गम स्थल पर लंगर का प्रबन्ध करना कोई आसान काम नहीं है किन्तु जब श्रद्धा के साथ सेवा की भी भावना हो तो कठिन कार्य भी आनन्द देनेवाले हो जाते हैं।

चैकिंग यहाँ भी हुई। मोल तोल तथा टेंट की वार्गेनिंग यहाँ भी हैं। एक टेंट तय किया और जा गिरे। यहाँ टेंट नम्बर व टेंट गली का नम्बर याद रखना आवश्यक है अन्यथा यात्री को रात भर भटकना पड़ सकता है—सभी टेंट एक से व रास्ते भी। टॉर्च तो इस यात्रा की परम आवश्यक वस्तु है। शर्मा जी चाय पीकर सो गये। कैलाश पं. जी लंगरों की ओर निकल गये व शंकर भी। मुझमें तो लघुशंका तक जाने की सामर्थ्य न बची थी। टेंटों के बीच गन्दगी फैलाना मुझे स्वीकार नहीं, नियम

विरुद्ध भी है किन्तु इधर उधर ताक़ते हुए यही करना पड़ा...। कोई भी टोक, डपट सकता है...क्या पता जुर्माना भी हो जाए या अपमान। यहीं अनुभव हुआ कि चोरी करने का भी एक अलग रोमांच है।

शंकर मेरे लिये चाय और केसरिया दूध ले आया—दो गिलास। इस गुनगुने दूध ने थोड़ी शक्ति दी फिर वह सहारा देकर लंगरों तक ले गया...ज्यों त्यों पेट में एक रोटी पटकी...फिर लाठी और शंकर के सहारे टेंट में। अन्धेरे टेंट में रात को किस्तों में सोया जागा। पूरी देह में दर्द रहा...ऐसी जगह बीमार होना जान लेवा हो जाता है।

सुबह साढ़े चार बजे अलार्म हुआ तो टेंटों में खटर-पटर, बातें-बोली आरम्भ हो गयी। टेंट का पर्दा हटाया तो अन्धेरा था। गनीमत यही कि न पानी बरस रहा था न बर्फ़। अर्थात् यात्रा आगे बढ़ेगी। पेट में ज़बरदस्त मरोड़ हुई तो पाखानों की ओर भागा। यहाँ भी वही टिन और लोहपात्रों के पाखाने हैं। पहलगाम की अपेक्षा अधिक ऊँचे।...यहाँ उनमें अभी ताले पड़े हैं। इस समय भी लाठी और टार्च का ही सहारा है...चलने, चढ़ने में बहुत कष्ट होता है। बन्द तालों के आसपास टार्च की रोशनी घुमाई। कोई पात्र भी नहीं...। बोतल सर्च की...संयोग से एक पाखाने के नीचे लुढ़की दिख गयी। नल भी दिखा जिसका पानी जमकर बर्फ़ नहीं हुआ था पर उंगलियाँ अवश्य ठिठुर रही थीं। थोड़ा पहाड़ चढ़ा तो साँस फूल गयी...ढलान की ओर उतरा वहाँ तार की बाड़ थी। यह शायद सुरक्षा बलों के कैम्प का घेरा था। लौटकर दस-पाँच कदम चढ़कर बैठ लिया।...और भी लोग दिखे सिर झुकाकर बैठे हुए जिनमें महिलाएँ भी थीं। भीड़ भरी तीर्थयात्रा की एक शर्त बेशर्मी भी होती है। शर्म, संकोच घर परिवार की शोभा हैं। बाहर अवसर अनुरूप बनना पड़ता है।...पाया कि बी.एस.एफ. का जवान लोगों को हँकार रहा है...मैं उनसे कुछ दूर था। मैं लौटा तो शेष तीनों साथी गये। वे लौटे तो दोबारा गया। इस बार पाखाने खुल गये थे और अब नल बन्द थे। बोतलें शुल्क लेकर पानी भरकर दी जा रही थीं। उजाला भी फैल गया। शर्मा जी सदा की भाँति जल्दी में जैसे थोड़ा रुक गये तो गाड़ी निकल जाएगी या भगवान भोलेनाथ अमरनाथ धाम से कहीं अन्यत्र चले जाएँगे।

रात्रि विश्राम के पश्चात् भी मेरे पाँवों की शक्ति न लौटी...साँस फूलने लगी। कोई एक किलोमीटर आगे शिविर पार कर मैं बैठ गया। शंकर घोड़ा तय कर लाया...मुझे देख उसने दो सौ रुपये अधिक माँगे कि मैं अधिक वज़नवाला या मोटा हूँ। मैं आश्चर्य में था कि जीवन में यह घोड़ेवाला पहला और अब तक अन्तिम व्यक्ति था जिसने मोटे लोगों में मुझे गिना। शंकर मुझसे कम से कम तीन-चार इंच लम्बा तथा अपेक्षाकृत युवा है...तन्दुरुस्त भी। उसका भार मुझसे दस पन्द्रह किलोग्राम अधिक तो रहा ही होगा और यह अश्वपति मुझे मोटा मान रहा है। कदाचित् यह उन

वस्त्रों का असर रहा जो मैंने एक के ऊपर एक पहन रखे थे।...अब दूसरा घोड़ा देखना पड़ा। यह पंचतरणी तक है आगे फिर कर लेंगे। इन अश्वकर्मियों ने स्थान-स्थान पर अपने डेरे डाल रखे हैं...सपरिवार। अन्ततः एक पड़ाव से दूसरे तक जाकर अपने डेरे लौट आते होंगे। इन स्थलों पर बच्चे घोड़े तथा खच्चर की प्रजाति के शंकर टट्टुओं को चराते देखे जा रहे हैं। बूढ़ी महिलाएँ डेरे के बाहर हुक्का गुड़गुड़ाते दिख जाती हैं तथा अधनंगे बच्चे खेलते हुए। कुछ बकरियाँ, भेड़ें तथा मुर्गियाँ भी।

मौसम आज साफ है और हम महागुनस पर्वत की तलहटी में जा पहुँचे। इस शिखर का सम्बन्ध गणेश जी से है। स्थानीय लोग इसे गुनस टॉप बोलते हैं। अमरनाथ यात्रा की सबसे ऊँची जगह...15400 फुट की ऊँचाई पर पहुँचकर लगता है जैसे हम पृथ्वीलोक से ऊपर उठ आये हैं। अगल-बगल धवल हिम से सज्जित पर्वत शिखरों पर पड़ती सूर्य रश्मियाँ अनेक रंग उत्पन्न कर रही हैं...इन रंगों से अनेकानेक आकृतियाँ बन रही हैं...मिट रही हैं। ...सृष्टि और लय का विलक्षण खेल। आँखें चौंधियाकर झपकती हैं तो खुलने पर दृश्य बदला हुआ होता है। अमरनाथ की यात्रा धैर्यपूर्वक बढ़ने, चढ़ने तथा निष्ठ एकाग्रता से लोकोत्तर अनुभूति के दर्शन की यात्रा है। यह मात्र प्राकृतिक हिमलिंग के गदगद कामनामय दर्शन और प्रणाम, स्तुति से पूरी नहीं हो सकती। यह इस प्रकृति के बीच रहकर थोड़ा रमकर ही पूरी हो सकती है।

इस उत्तुंग शिखर को पार करना कठिन है पर जय भोले करते यह भी हो जाता है। आगे लम्बा उतार है। इस उतार पर भी दो स्थानों पर लंगर हैं—पोषपत्री पर विशाल लंगर है। हम उतरकर शिखरों के बीच चल रहे हैं...इतने ऊँचे-शिखरों के बीच जैसे पाताल में आ पहुँचे हों। इस पाताल में गड़रियों के अस्थायी घर हैं—पत्थर जोड़-तोड़कर टिन आदि के सहारे छाये आवास। इनकी भेड़ें बकरियाँ ऊपर अन्तरिक्ष में चरती लगती हैं। इससे भी ऊपरी अन्तरिक्ष में सीमा सुरक्षा बल के जवान खड़े हैं...चौकस-मुस्तैद। चोटी पर भी जवान दिख रहे हैं। इन पहाड़ों के उस पार ही तो पाकिस्तान अधिकृत कश्मीर है जहाँ से विस्फोटकों से लदे आतंकी भेजे जाते हैं। इनकी जेबों में विस्फोटक हैं तो दिमाग़ में भी भरे गये हैं कि हत्याएँ ही ज़िहाद है और लाशें शबाब। अमरनाथ यात्रियों पर सदैव इनके आक्रमण की आशंका है और हमारे जांबाज सैनिक कठिनतम परिस्थिति में भी सुरक्षा और सहायता के लिए कमर कसे खड़े हैं।

इन पर्वतों के बीच बसनेवालों का जीवन बहुत कठिन है...फिल्मी रंगीनियों से बहुत अलग। ये घोड़ेवाले, पिट्ठू, हेल्पर, डोलीवाले, दुकानदार...सभी के चेहरों पर दीनता दुबकी है। हाँ, ये लोग मोलभाव सीख चुके हैं जो इन्होंने कुछ तो अपने नेताओं, कुछ यात्रियों से सीखा है। यहाँ चारों ओर पर्वत और चटकते, टूटते, बहते

ग्लेशियरों की गुफाएँ हैं। कि इन ग्लेशियरों के समानान्तर, उतर रहे हैं। इस बार भी कुछ वैशाखियों वाले, पैर विहीन, नितान्त वृद्ध, वृद्धाएँ जो मात्र लाठी के सहारे स्वयं को अमरनाथ गुफा की ओर ठेल रहे हैं। क्या यह राजेन्द्र यादव वाली मूर्खता है या धर्म की अफीम है? शायद यह थोड़ा-थोड़ा सब कुछ है किन्तु सबसे ऊपर है अटल विश्वास। मूर्खता और अफीम से लँगड़े बर्फ़ ढँके ऊँचे पर्वतों को पार नहीं करते...हाँ, धन के लालची करते हैं। हत्यारे करते हैं। यहाँ तो सचमुच कोई अलौकिक शक्ति है जो 'मूकं करोति वाचालं, पंगुं लंघ्यते गिरिम्' यह उसी की कृपा है अत: उसकी वन्दना अफीम तो नहीं है। लोग तो लालची, धूर्त, कामुक और स्वार्थी पुतलों के गुण गाते हैं—जिव्हारपुंगव क्रान्तिकारी। खैर इनका इस सौन्दर्य लोक के बीच उल्लेख ही व्यर्थ है।

एक और बात पर ध्यान जाता है कि इधर हर मुस्लिम दाढ़ी में है। नये-नये युवा, जिनका मुख दर्शनीय हो सकता है पर गालों पर घास उगाए हैं। एक रहस्य यह भी है कि हर कोई दाढ़ी नहीं रखना चाहता पर कट्टरपन्थियों के फ़रमान को टालने का जोखिम कौन सिर पर ले। एक संकेत पर ए.के. 47 गरजेगी और बिना दाढ़ी का भूमि पर लोटता नज़र आएगा। इधर ऐसा अनेक बार हो चुका है। बहुधा कट्टरपन्थी इन हत्याओं को सुरक्षा बलों के सिर थोपकर आन्दोलन, बन्द की भट्ठी गर्म बनाए रखते हैं।

मेरे सामने एक यात्री ने एक घोड़ेवाले से पूछा था—"आप लोग घोड़े के साथ पैदल चलते हैं...सामान लादकर...थकते तो होंगे?"

वह बोला—"इनसान हैं साहब! ...थकते हैं बस ये पेट नहीं थकता।"

इनके हिसाब से बन्द वग़ैरा तो बड़े लोगों का काम है। पॉलीटिक्स भी उनका काम है।

"पर आप लोग?"

"हम तो साब बस...।" वह पसीना पोंछने लगा है।

हाँ, इस समय तापमान 2 डिग्री सेल्सि. के आसपास है। कल शाम से आसपास के पर्वतों पर बर्फ़ बरस रही थी। हम पंचतरणी के मैदान पर उतर आये हैं। आगे अनेक तम्बू हैं...यहाँ सी.आर.पी.एफ. व्यवस्था में है। जानलेवा ठंडी हवा बह रही है और धूप भी है। इस शीत में कुछ साधु पंचतरणी में स्नान कर रहे हैं, कुछ किनारे बैठकर पूजा पाठ। मैं शेषनाग से 12 किलोमीटर की दूरी तय कर आया हूँ किन्तु दो शिखरों के बीच होकर शेषनाग की एक झलक यहाँ से भी मिल रही है। पंचतरणी पर गुफा की ओर जानेवाले तथा गुफा से लौटकर आनेवाले सभी यात्री विश्राम करते हैं। खुले मैदान में यहाँ अलग-अलग दिशाओं से आकर पगडंडियाँ नीचे पहुँच मिल जाती हैं। मान्यता के अनुसार भगवान शंकर ने यहाँ नटराज बनकर

नृत्य किया था। नृत्य में जटाओं के खुल जाने से गंगा जी भी निकलकर बहने लगीं—पाँच दिशाओं में। इसीलिए नाम पड़ा पंचतरणी। यह भी माना जाता है कि भोलेनाथ ने यहाँ पंचतत्वों का परित्याग किया था। यहाँ स्नान का बहुत महत्त्व है।

मुझे भी यहाँ पहुँचकर घोड़ा त्यागना पड़ा। अब मैं सुरक्षा चौकी के आगे पत्थर पर बैठ अपने पैदल साथियों की प्रतीक्षा कर रहा हूँ...वे पीछे छूट गये हैं...।

हमारे पदयात्री आ पहुँचे। शर्मा जी की थकान चेहरे पर प्रकट है, ओंठ पपड़ियाकर नीलकृष्ण हो रहे हैं। कैलाश पंडित जी ने तो अपना बैग भी लाद रखा है...वह अधिक श्लथ और चिन्तित से हैं। एक बार हम फिर से सी.आर.पी.एफ. की चैकिंग से होकर गुज़रे। अब आगे भाँति-भाँति के भोजन व भंडारे हैं। भोजन की इच्छा किसी को नहीं। थकान ने भूख सोख ली है। बस चाय और बिस्कुट लेते हैं। मेरे पाँवों में अब तक जान नहीं लौटी है। इतना भर चलते ही छाती धौंकनी हो गयी पर पंचतरणी बहुत ही सुन्दर स्थान है...पाताल का सौन्दर्य है यहाँ। स्वर्ग की चर्चा सर्वत्र और बारम्बार होती है किन्तु जिन्हें पाताल की मोहकता देखनी है वे पंचतरणी आकर ठहरें। मेरी हर पड़ाव पर रुकने की इच्छा होती है। रात को तो तम्बू में बन्द हो जाते हैं। पूरा दिन नहीं तो कम से कम आधा दिन तो रुकने, देखने, समझने, अनुभव करने को मिले। ...किन्तु हिन्दी लेखक हूँ...इच्छित यात्रा के लिए कम-से-कम बीस हज़ार रुपये चाहिए। कहाँ से जुटें?...और भी तो ग़म हैं ज़माने में देशाटन के सिवा। बस मन की भूमि पर एक बीज पनपने लगा है कि आना तो है फिर एक बार। जाने कब? जाने कैसे? अशोक वाजपेयी की कविता की पंक्तियाँ—'उम्मीद चुनती है अपने लिए/एक पथ हारा शब्द/शायद...

मैं फिर घोड़े पर हूँ। बी.एस.एफ. की 403 बटालियन पर चौकसी का दायित्व है यहाँ। तिहरी सुरक्षा व्यवस्था—सी.आर.पी.एफ., बी.एस.एफ. और सेना। शस्त्रों की छाया में ही धर्म चल पा रहा है यहाँ। शस्त्र न होते तो धार्मिकों का धर्म धरा रह जाता। पुजारियों की पूरी भीड़ मन्त्रों को ज़ोर-ज़ोर से पढ़ते रह गयी और गजनवी सोमनाथ को खंडित कर लूट ले गया।

ओह! मैं भी यूँ ही आँय-बाँय सोच उठता हूँ जब कि आगे रास्ते के वही ख़तरनाक उतार-चढ़ाव तथा जान लेवा मोड़ हैं। दूर शिखरों पर धूप चढ़ती-उतरती रहती है। कहीं चोटियाँ बादल के वस्त्र पहन रही हैं कहीं बर्फ़ बरस रही है।...फिर भी यहाँ के अनुसार मौसम साफ़ है। मार्ग के आसपास पानी बरसा न बर्फ़ इसलिए न कल जैसी फिसलन है न जानलेवा कीचड़। यह भैरवघाटी की तीखी चढ़ाई है और अगल-बगल, आगे-पीछे हैं—कत्थई-पीले रंग के पहाड़। कभी मैदान-सा आ जाता है, तो कभी ऊबड़-खाबड़ चढ़ाई-उतराई। हर मोड़ के साथ पहाड़ों का रंग

और आकार बदल रहा है...। किसने रचे हैं ये पहाड़ जिनके पीछे बैठे भगवान शंकर यात्रियों को सुरक्षा व सफलता की आश्वस्ति देते हैं। विश्वास है कि यहीं सती का कंठभाग गिरा था!

पीले-कत्थई पर्वतों से आगे ढलान है तथा ढलान से आगे चढ़कर तीन किलोमीटर पर संगम। संगम वह स्थान है जहाँ पहलगाम और बालटाल से आनेवाले रास्ते एक होकर गुफा की ओर जाते हैं।

आगे का रास्ता बर्फ़ के ग्लेशियर पर है। अमरावती नदी के ऊपर का ग्लेशियर। अब यह ग्लेशियर भी तीव्रता से पिघल रहा है। अमरावती हिम जल वाहिनी है जो हमारे पथ के नीचे होकर बहती है। मैं दोपहर सवा बजे पवित्र गुफा के घोड़ा अड्डे पर पहुँच गया। यहाँ से गुफा मुख स्पष्ट दिखायी दे रहा है, किन्तु वह कम से कम डेढ़ किलोमीटर की दूरी पर होगा। दो पर्वतों के बीच इस घाटी में विशाल ग्लेशियर के नीचे से अमरावती बह रही है तो ऊपर बालटाल से यात्रियों को लाने ले जानेवाले हेलीकॉप्टर आ जा रहे हैं। हर पन्द्रह बीस मिनट में कोई हेलीकॉप्टर या तो आता है या जाता है। यहाँ से पर्वत के किनारे-किनारे गुफा की ओर जाने का मार्ग है जिसके दोनों ओर दुकानों तम्बुओं का सिलसिला गुफा के ऐन पास तक पहुँचता है।

अमरावती के ऊपरवाले ग्लेशियर पर पर्वतों की ओर से लुढ़के कुछ शिलाखंड पड़े हैं। ग्लेशियर का यह स्थान घोड़ेवालों, पिट्ठओं डोलीवालों का अड्डा है। कुछ घोड़े डोलीवालों को शिलाखंड पर बैठा देख मैं भी एक ऊँचे से शिलाखंड पर बैठ गया ताकि आनेवालों पर मेरी निगाह रहे और पीछे रहे मेरे साथी भी मुझे आसानी से देख सकें। हवा तीखी और ठंडी है तथा ग्लेशियर में मिली लीद और मिट्टी की कीचड़ में बदबू। इस समय यहाँ तापमान एक के आसपास होगा। आकाश में बादलों की छाँव है। गर्म प्रदेश होता तो यह बदबू भभके में बदलकर हैजा, बीमारी का स्रोत बन जाती। पहाड़ों पर जगह-जगह बर्फ़ जमी है...मेरे नीचे का ग्लेशियर तो लाखों करोड़ों वर्ष पुरानी बर्फ़ अपने भीतर लिए होगा। यह भुरभरी बर्फ़ है।

तीन बजने को हैं और साथी अभी तक नहीं आ पाए। इतना समय तो नहीं लगना चाहिए मैं चिन्तित, उद्विग्न हो उठा हूँ। यहाँ कभी भी, कुछ भी घटित हो सकता हूँ। यह अलग बात है कि बहुत कम घटता है। इन पहाड़ों के बीच दो महीने के लिए यह बस्ती-सी बस गयी है...हज़ारों लोग रहते, चलते-फिरते दर्शन में हैं—कहीं कोई ग्लेशियर सरक आये, पहाड़ धसक पड़े। सुना है दो-तीन वर्ष पूर्व यहाँ बादल टूटे थे...अमरावती उफनकर ग्लेशियर के ऊपर से बहने लगी थी...यह और बात है कि जानमाल की हानि कम-से-कम हुई। इसी बीच शंकर की मुझ पर नज़र पड़ गयी। वह आधा घंटे से खोजता घूम रहा था। हुआ यह कि यहाँ आकर

घोड़ेवालों का रास्ता थोड़ा मुड़ जाता है...पैदल सीधे निकल जाते हैं। खैर, शंकर को बैग सौंप मैं साथ हो लिया। सौ कदम की चढ़ाई पर ही देह पनाह माँगने लगती थी। लाठी इस समय सबसे बड़ा सहारा थी। अनेक लोग यहाँ तक पहुँचते-पहुँचते इतने शिथिल हो जाते हैं कि दर्शन के लिए डोली, कुर्सी लेनी पड़ती है। लद्दू भी हैं जो पीठ पर लादकर गुफा में ऊपर तक पहुँचाते अथवा लादे-लादे ही दर्शन कराते हैं। डोली, कुर्सी यहाँ से यहीं तक पाँच छह सौ में मिल जाती है जो घंटे भर के भीतर दर्शन कराके छोड़ देती है। पवित्र-गुफा पहुँचने के लिए भी लगभग तीन सौ सीढ़ियाँ चढ़नी पड़ती हैं।

शर्मा जी व कैलाश पंडित जी हमें ज्ञानगिरी भंडारा के सामने बैठे मिले। ज्ञानगिरी भंडारा एक स्थाई ठिकाना (यात्रा के दिनों का) है अर्थात् हर वर्ष लगता है। टीन-टप्पर, बाँस की खपच्चियों पर तिरपालें, रेगजीन तानकर धर्मशाला बना ली जाती है। सामने भंडारा चलता है। हमने एक दुकान या टेंट तय कर लिया और वहाँ जाकर पड़े रहे। थोड़े विश्राम के पश्चात् गरम पानी की बाल्टी ली—25 रुपये बाल्टी में हल्का गुनगुना पानी। टेंटों के पीछे अमरावती की धार के निकट टीन फट्टे जोड़कर टेंटवालों ने स्नानगृह बना लिये हैं। थोड़ी ओट है, हवा का बचाव हो जाता है।

अब दर्शन की बारी है। गुफा यहाँ से एक किलोमीटर दूर है। मैं डांडीवालों पर पाँच सौ ख़र्च नहीं करना चाहता। लाठी के सहारे घिसटता हूँ। कभी शर्मा जी कभी शंकर बाँह पकड़कर सहारा देते हैं। दो छोटी-छोटी खड़ी चढ़ाइयाँ तो दूभर हो गयीं...जैसे तैसे सीढ़ियों तक पहुँचे। सामने अमरनाथ की गुफा है...जयघोष, घंटाध्वनि है किन्तु अभी दर्शन मुझसे दूर हैं...तीन सौ सीढ़ियाँ तीस किलोमीटर की दूरी लग रही है। किन्हीं श्रद्धालुओं ने रेलिंग लगवाई हैं पर वह कहीं है कहीं नहीं है। कहीं बाँस बाँधे गये हैं...जो यहाँ वहाँ उखड़े गिरे हैं। मैं सहारा लेकर बढ़ रहा हूँ... जय भोले। पिस्सू टॉप से घोड़ा न छोड़ता, बूढ़ी जवानी के जोश में उत्साहित हो पैदल चलने की जोखिम न उठाता तो यह स्थिति न बनती। अब की बार आना बना तो यह भूल कतई नहीं करूँगा।

ये लोग एक बार दर्शन कर लौट आये हैं और सीढ़ियों की आधी दूरी से फिर साथ हो गये मुझे सहारा देते हुए। अब फिर चैकिंग है—मोबाइल, कैमरा प्रतिबन्धित है। मोबाइल तो देख परखकर ले जाने दिया पर कैमरा कतई नहीं इसलिए एक दुकान पर जमा करना पड़ा था। किराया 30 रुपये। आगे जूतों के ढेर में जूते मिलाए। नये जूतों के गुम होने का अन्देशा था पर अब तो जय भोले।

मैं गुफा के प्रवेश की अन्तिम सीढ़ी पर हूँ। बर्फ़ का जल, बर्फीला पत्थर, पैर सुन्न होने लगे। सब कुछ भूल भाल मैं बाबा बर्फानी की इस सीढ़ी पर माथा रगड़ता

हूँ। यहाँ न जाने किस-किसके पैर पड़े होंगे। आगे बढ़ा—सामने हिम रूप शिव हैं—उनके पास हिम रूप माँ पार्वती हैं, एक छोटा-सा पिंड गणेश जी का है।

सी.आर.पी.एफ. वाले जल्दी-जल्दी आगे बढ़ा रहे हैं, गो कि भीड़ कोई अधिक नहीं है। बालटाल प्रसंग ने यात्रियों की बाढ़ रोक ली है। बाबा का घर खुला है—न कोई किवाड़, न परदा। हाँ, मनुष्य ने अपनी व्यवस्था के लिए उन पर दुहरी रुकावट डाल दी है और श्रद्धालु कोई पन्द्रह फुट की दूरी से उनके दर्शन करता है। बर्फानी जल पैरों को गीला करता बह रहा है। इस समय बाबा की हिम आकृति कोई पाँच फुट की है। आदमी की गर्मी महादेव को निरन्तर पिघला रही है।

हाँ, गुफा में हिंमलिंग अलौकिक, आश्चर्यजनक है। वैज्ञानिकों के अपने तर्क हैं...कुतर्क भी हैं पर इसका कोई स्पष्ट उत्तर नहीं है कि यहाँ निकट व दूर के सभी ग्लेशियर कच्ची बर्फ़ के हैं...बरसती भी कच्ची बर्फ़ ही है तो ये पिंड पक्की बर्फ़, श्वेत स्फटिक जैसे क्यों बनते हैं? यहाँ कबूतर हमें नहीं दिखे। किसी ने बताया कि आरती के समये दिखते हैं। यूँ उनके बैठने, बसने के स्थान दिख रहे थे। यह अवश्य हुआ कि गुफा के बाहर एक कबूतर किसी ऊँचाई की ओर उड़ गया था।

साढ़े पाँच पर दर्शन कर छह बजे तक हम लौट आये। वहीं सीढ़ियाँ उतर हम फिर पंक्ति में हो गये तथा धीरे-धीरे बढ़ते हुए दोबारा दर्शन किये थे। पिंड को छूकर बहता पावन जल मस्तक पर लिया था। अब मैं थकान से टूटी देह लिये बिछौने पर ढह गया हूँ। लघु शंका के लिए तम्बुओं की तीन क़तारें पार करने की शक्ति भी शेष नहीं है। शर्मा जी भी आकर गिर गये और कैलाश पंडित भी।

शंकर ने आरती के समय का पता किया है—7 बजे। अर्थात् आधा घंटे के बाद ही जाना होगा। वे गये...मैं लेटा रहा। इस समय तो साक्षात् भोलेनाथ भी सौ क़दम दूर खड़े होकर बुलाते तब भी यहीं से बैठकर बन्दगी करनी पड़ती। हाँ, कोई दिव्य शक्ति भर देते तो अलग बात थी। ठंड जोर पकड़ने लगी...शरीर टूट रहा था। हल्का बुखार हो गया था शायद। सुबह से अब तक बस दो चाय दो बिस्कुट पेट में पहुँचे थे फिर भी पेट फूल रहा था और उल्टी करने का मन होता।

ये लोग आठ बजे लौटते हुए लंगर पर हल्का-सा भोजन पा आये थे। शंकर मेरे लिये दो रोटी, दाल व मुट्ठी भर चावल ले आया। खाने की तो इच्छा ही न थी फिर भी लाठी और टार्च के सहारे तीन टेंट ऊपर चढ़ा। मामूली-सी राहत मिली शौच से। बहते पानी में हाथ डालना ही उँगलियों को सुन्न कर लेना था फिर टेंट पर पहुँच बीस क़दम दूर नल पर हाथ धोने जाने की विवशता थी। लौटकर आ गिरा...खाना नहीं खाया।

टेंट के आगे दुकानदार के ट्रांजिस्टर पर ख़बरें आ रही थीं। वे तीन-चार लोग बातचीत कर उठे कश्मीरी बोली में। मुझे अनुमान हो गया कि गुलाब नबी आज़ाद

ने मुख्यमन्त्री पद से इस्तीफा दे दिया। यह किसी भी भले नागरिक के लिए धक्का पहुँचाने वाली सूचना थी क्योंकि जम्मू कश्मीर के राजनीतिक परिदृश्य का वह एक सुखद क्षण था जब आज़ाद ने मुख्यमन्त्री की कुर्सी सँभाली थी। कश्मीर घाटी के बाहर अर्थात् जम्मू क्षेत्र का कोई नेता पहली बार राज्य का मुख्यमन्त्री बना था।

जम्मू कश्मीर में सच्चा लोकतन्त्र इसी चुनाव (2002) के बाद प्रखर हुआ जिसमें आज़ाद को मुख्यमन्त्री पद का दायित्व सौंपा गया था। दुनिया भर के पर्यवेक्षकों ने इस चुनाव को सराहा। सूबे की जनता ने भी कहीं किसी धाँधली की शिकायत न की। सीमा पार के प्रायोजित आतंकवाद पर लगाम कस गयी थी। किन्तु राजनीतिक रोटियाँ सेकनेवालों को जनता की खुशहाली और शान्ति कब कबूल होती है।

मेरी ठंड बढ़ी तो एक कम्बल नीचे और बिछाया...दो ओढ़े...हरारत मिटाने कैलाश जी की दी हुई गोली खाई और आँख मूँद सोने की कोशिश करने लगा। रात करवटें बदलते कटी।

इसे 'मुँह अँधेरे' ही कहा जा सकता है कि मैं तब जागकर नित्यक्रिया से निवृत्त हो लौट आया था। कुछ ही देर में बर्फानी बाबा का पूजन, आरती होना था सो मुझे पूछकर साथ के लोग दर्शन करने को उत्सुक थे। इस समय अधिक भीड़ न थी, अत: दर्शन का लालच हो आया किन्तु साँस और पैर अब भी बेकाबू थे इसलिए भोलेबाबा से क्षमा माँगते हुए आज्ञा लौटने की ली। मैंने तो घोड़ा ले ही लिया, शेष साथियों को पैदल ही यात्रा करनी थी। हम अब दूसरे अर्थात् बालटाल वाले मार्ग से लौट रहे थे जो 14 किलोमीटर दूरी पर है। यह रास्ता पहलगाम वाले मार्ग से छोटा तो है पर अधिक दुरूह है—खड़ा और सँकरा।

घोड़ेवाला मैट्रिक पास जवान है जो पीठ पर मेरा बैग टाँगता है तथा हाथ से घोड़े की लगाम थामता है। मैं थैलों को साधने में कहीं स्वयं ही न गिर जाऊँ यह भय हम दोनों को ही है। अधिकतर घोड़ेवाले रास थामकर ही घोड़े को चला रहे हैं—एक टाप की चूक घोड़ा और सवार को पाताली खाई के मुँह में पहुँचा देती है। बचने का एक ही तरीक़ा है—सतत सावधानी! गिरने, फिसलने के तो सैकड़ों कारण बहाने हैं।...प्रतिपल सम्भावना। इतने सँकरे मार्ग पर भी दोनों ओर की आवाजाही है, अत: स्थान-स्थान पर ठहरना भी पड़ता है। पहाड़ का एक अलिखित कायदा है कि चढ़ते हुए को मार्ग दो। चढ़नेवाले हाँफते-काँपते चढ़ते शिखर की ओर निगाह फेंकते हैं। मुँह से साँस निकल छाती पर फैल जाती है। जिस शिखर को पार करना है वह पास दिखता है पर उनके पैर जान गये हैं कि वहाँ तक पहुँचने के लिए कोई दो से तीन

किलोमीटर तक की चढ़ाई पड़ सकती है।...चढ़ रहे हैं लोग—वृद्ध-वृद्धाएँ, वैशाखी को टाँग बनाए लँगड़े...वे भी जिनके पास एक भी पैर नहीं है बस जय भोले जय भोले कहते पार करते जा रहे हैं गगनचुम्बी शिखर। हथेलियों पर लुढ़कते हुए पहाड़ लाँघते लोग। मेरा संशयी मन बार-बार स्वयं से ही तर्क करता है—क्या ये सबके सब मूर्ख हैं? धर्म की अफीम में सोचने की शक्ति खोये हुए लोग? इनकी श्रद्धा श्रेष्ठतम मूर्खता तो नहीं? विचारहीन हैं ये? अथवा हम केवल उसे ही विचारवान मानते हैं जो हमारे स्वार्थी घेरे की कोल्हूवाली चर्र-चों वाले स्वर की लय पर सिर हिलाए। क्या कोई भी तर्क अपनी परिणति में तर्कातीत नहीं हो जाता? यह हमारी ही तो कमज़ोरी है कि तर्कातीत स्तर की ओर बढ़ने की सामर्थ्य नहीं जुटा पाते। मैंने तो प्रायः देखा है कि तर्कवाले बड़बोले वीर अपने सुख साधनों के लिए भी तर्क गढ़कर दोनों हाथों से समेटने लगते हैं और तर्कवृक्ष की सुविधापूर्ण डाल पर बैठ, पैर झुलाते हुए इतराने का सुख चुभलाते रहते हैं। अधार्मिकों की एक बहुप्रचारित अवधारणा है कि सर्वाधिक युद्ध धर्म ने करवाए हैं। वह कितने भोले हैं जो नहीं जानते कि युद्ध धर्म ने नहीं धन ने करवाए हैं। धर्म भी धन के आग्रह से ही पतित होता है फिर वह अपनी श्रेष्ठता को प्रचारित करता है। एक हाथ में अपना हितसाधक शास्त्र लेता है, दूसरे में शस्त्र कि मुझे श्रेष्ठ स्वीकारो और मेरे शास्त्र को भी।...जो तुम्हें स्मरण दिलाता रहेगा कि तुम्हें पराजित करनेवाला तुमसे श्रेष्ठ है...उसका ईश्वर तुम्हारे ईश्वर से अधिक बलशाली है। बहरहाल कोई धर्म के धन्धे में है तो कोई तर्क पुंगव बनकर मलाई काट रहा है। हाँ, धन्धेबाजी में अभी धर्म का व्यापार तर्क से काफी आगे है। वैसे यह भी सच है कि धर्म का आस्था से गहरा सरोकार है—धार्मिक अपने देव के प्रति ही नहीं सम्बन्धों व विचार के प्रति भी आस्थावान होता है। धर्म तो अपने स्व, अपने अहं का विसर्जन है। अधार्मिक में किसी के प्रति भी आस्था नहीं होती, स्वयं को छोड़कर। वह कहीं भी, कभी भी, किसी से भी पल्ला झाड़ सकता है। सबसे बड़ी खराबी यह होती है कि वह कभी भी ख़तरा नहीं उठाता...कोई न कोई तर्क (कुतर्क) गढ़कर बच लेता है। जिस विचार की वह वकालत करता है कोई ख़तरा देखते ही वह उससे कन्नी काट जाता है। तार्किक विचार से बद्ध तो हो लेता है पर प्रायः उसमें आस्था नहीं होती। आस्था आन्तरिक भाव है तो बद्धता बाह्य प्रदर्शन।

आस्थावान एक बर्फ़ की आकृति की ओर उमड़े चले जा रहे हैं। हर दस-पाँच मिनट में घाटी के वायुमार्ग से हैलीकाप्टर गुज़र रहे हैं। सम्पन्नों के लिए बालटाल से हैलीकॉप्टर की सवारी उपलब्ध है। वहाँ से चढ़कर गुफा के निकट हैलीपैड पर उतरिये और दर्शन कर घंटे भर में लौट लीजिए। मन्त्री, नौकरशाह, सेठ आदि इस तरह आराम के साथ धर्म कर लेते हैं। विज्ञान मनुष्य को ईश्वरीय सगुणता के निकट

पहुँचाने का माध्यम बन रहा है। हाँ, लक्ष्मी के सहयोग बिना इस तरह का धर्म भी सम्भव नहीं, पर लक्ष्मी बिना तो गरीब का धर्म साधन भी कठिन है। ये बड़े-बड़े लंगर, भंडारे कहाँ से लगते?...तम्बू कम्बल व अन्य व्यवस्थाएँ कैसे होतीं? इस प्रकार 'धनात् धर्म' भी प्रमाणित होने लगता है।

बालटाल के मार्ग में पहाड़ों के बीच मात्र एक लंगर है। यहाँ कश्मीरियों के चाय बिस्कुट, सॉफ्ट ड्रिंक आदि के ठिये भी हैं। इधर आतंकवादी सक्रियता भी पहलगाँव के रास्ते की अपेक्षा कुछ अधिक है...यह कहना है सुरक्षाकर्मियों का। स्थानीय लोगों की दुकानें रास्ते में तीन ठिकानों पर हैं...घोड़ेवाले यहीं ठहरते हैं।

"आप कुछ लेंगे?" घोड़ेवाला पूछता है।

"नहीं... ।"

मेरे उत्तर पर वह एक विचित्र-सी दृष्टि फेंक घोड़े को ऊँचाई के सहारे लगा देता है ताकि मैं आसानी से उतर सकूँ। मेरे उतर जाने पर वह एक दुकान की ओर बढ़ जाता है। एक भोले अर्थात् यात्री उतरते समय पाँयचे में उलझकर गिर गये हैं। असावधान होने से कमर में चोट आई है। ढलान क्यारियोनुमा होने से सुरक्षित हैं अन्यथा लुढ़क गये होते।

यहाँ तीन ओर से अर्धसैनिक बलों की सुरक्षा है...उँगली ट्रिगर पर...पलक झपकते मौत की आग उगलने को तत्पर। क्या विडम्बना है कि मजहब शान्ति का वाहक और विज्ञान सुविधा का। धर्म के आदेश पर विज्ञान सिर्फ़ एक धमाका कर दे तो शहर का शहर खँडहर में बदल जाए।

घोड़ेवाले ने आकर बीस रुपये माँगे। दस की चाय और दस... ?

"जी वो बिस्कुट के... ।"

"किन्तु मैंने तो कुछ भी नहीं खाया पिया?" मैं कहता हूँ।

"जी वो तो सभी देते हैं।" उसके अनुरोध में अधिकार की गूँज है।

मैं दे देता हूँ। उसका श्रम सचमुच अधिक का है। पर जो चाय लंगर पर मैं मुफ्त की लाकर दे रहा था वह इसने क्यों नहीं ली?...यहाँ पर दस रुपये में पीता है!

कोई कह रहा था कि इस स्थानीय चाय में कोई उत्तेजक पदार्थ मिलाया जाता है ताकि उसके सुरूर में ये लोग दौड़ते भागते फेरे लगा सकें। गाँजें भरी सिगरेट तो 90 परसेंट पिट्ठुओं, घोडेवालों का नशा है। गाँजा इन पहाड़ों पर जगह-जगह बिखरा है। आबकारी विभाग व पुलिस वहाँ कहाँ-कहाँ जब्त करेगी?...और पेड़ जब्त करके भी क्या कर लेंगे।

मेरा घोड़ेवाला नौजवान भी उसी तातारी नस्ल का है। पतली-सी देह पर पतली धारदार नुकीली लम्बी नाक...गाल पिचके से...आँखें हरापन लिए कंजी। रंग गोरा है पर देखने में आया कि पहलगाम के ऊपर इस पहाड़ी क्षेत्र में चेहेरे-मोहरों में

सुन्दरता नहीं। सुन्दरता बालटाल पर उतरते ही शुरू होती है—श्रीनगर वाले रास्ते पर। घाटी का यही पूरा क्षेत्र सम्पन्न भी है। सम्पन्नों के पास ही कश्मीर का नेतृत्व है...अलगाववाद को हवा भी ये (सम्पन्न) ही देते हैं तथा भारत सरकार पर दबाव बनाकर उगाही गयी सुविधाओं का लाभ भी यही लेते हैं। यहाँ के गरीब, श्रमिक, चरवाहे तो इनसे रोज़दारी लेकर प्रदर्शनों, तोड़फोड़, बन्द में शामिल होते हैं—कश्मीरियत और इस्लाम की उत्तेजक घुट्टी तो है ही। कश्मीर घाटी में हिन्दू, अल्पसंख्यक कहीं नहीं है।

हम बालटाल की ओर उतर रहे हैं...दूर पहाड़ों के बीच टिन की छतवाली बैरक-सी चमक रही है। तरहटी में काफी चौरस जगह है। यह आश्रमनुमा आश्रय स्थल है—कुछ निर्मित कुछ निर्माणाधीन। निर्माणकार्य रुका हुआ है। पता नहीं अर्थाभाव में या सरकार ने रोका है? पूरा बन जाए तो शायद चार-पाँच सौ यात्री रात्रि का सुविधाजनक आश्रय पा लेंगे। आगे अर्धसैनिक बल के तम्बू तने हैं। मैं बालटाल देखने रोमांचित हूँ जिसने 'इश्यू' बनकर जम्मू कश्मीर में तूफान ला दिया है। सड़क के दूसरी ओर सीमा सुरक्षा बल का आधार शिविर है जिसमें यात्रियों के लिए चिकित्सा की व्यवस्था भी है। थकान मिटाने मसाज की मशीन भी है यहाँ।

इसी से सटे चार-पाँच लंगर हैं। स्थान का नाम है दोमेल या धुमल। रास्ते पर खड़े होकर बिस्कुट, पापड़, नमकीन बाँटते, भोजन के लिए आग्रह करते श्रद्धालु। फिर सोचने लगता हूँ कि ये लंगर न हों तो चाय बीस की मिले और दाल की छोटी सी प्लेट चालीस रुपये की। स्थानीय लोग चाहते हैं कि ये लंगर भंडारे न हों तो उनको रोज़गार मिले। स्थानीय और छुटभैय्या नेतृत्व इसे मुद्दा बनाकर प्रस्तुत करता है। वक्तव्य बहादुर क्रान्ति पुंगव भी इनके सुर में सुर मिलाते हैं।

दोमेल से आगे दो किलोमीटर पर बालटाल है। आसपास ऊँचे-ऊँचे पर्वत बीच में विस्तृत मैदान। वन दोमेल से सटे पर्वत के आधे भाग में है। शेष पर्वतों की ढलानें बिलकुल सूनी हैं...सपाट। बालटाल अर्थात् अमरनाथ यात्रा का आधार पड़ाव, जहाँ मात्र डेढ़ महीने के लिए यात्रियों को एक रात रुकने अथवा यात्रा में प्राकृतिक बाधा आने पर एक दो दिन का आश्रय स्थल बनाने अमरनाथ श्राइन बोर्ड को आवंटित भूमि वापस ले ली गयी है। मैं बहुत ध्यानपूर्वक चारों ओर देखता हूँ—तलहटी में फैला विशाल मैदान। तल से शिखर तक वृक्षहीन पर्वत। न यहाँ कृषि योग्य भूमि बदली जानी है न वृक्ष कटने हैं। जिस मन्त्रि-परिषद ने अमरनाथ श्राइन बोर्ड को 39 एकड़ भूमि उपयोग में लाने की स्वीकृति दी थी उसमें पी.डी.पी. के मन्त्री भी शामिल थे। भारत अब यदि कोई देश है तो उसका दुर्भाग्य है कि उसमें पी.डी.पी. जैसे दल हैं जो ठसक और ठोकर के साथ सौदेबाजी कर सकते हैं।

बालटाल में तम्बुओं का गाँव बसा है...। बस स्टैंड है....दुकानें हैं। विस्तृत

हैलीपेड पर हैलीकॉप्टर उतर रहे हैं...वहाँ से उड़ रहे हैं। एक चक्कर मैदान में बहती नदी के ऊपर काटते हैं और अमरनाथ गुफा की ओर मुँह कर लेते हैं। समर्थ लोग कुछ ही घंटों में दर्शन कर लौट आते हैं। यहाँ उनकी वातानुकूलित गाड़ियाँ खड़ी हैं। भंडारे, लंगरों की इन्हें आवश्यकता प्रायः नहीं होती। मुझे लगता है कि हवाई यात्रावाला दर्शन अधूरा दर्शन है। अमरनाथ तो पहलगाम से चन्दनवाड़ी होकर पवित्र गुफा के दर्शन पश्चात् बालटाल तक के कठिन रास्ते, मौसम के साथ पूरे होते हैं। धरती का हर हलाहल अपने कंठ में लेनेवाला...हर मुश्किल, हर असुविधा, हर अभाव के बीच जीवन का नाद और नृत्य सँजोनेवाला शिव महादेव उन्हें सबसे अधिक ध्यान में रखता है जो विपन्न या कंगाल हैं...पर श्रद्धालु हैं। मैं बालटाल पर साथियों की प्रतीक्षा में हूँ। वे अपने-अपने बैग लादकर आ रहे हैं। मेरे पास लगभग ढाई-तीन घंटे हैं उनके आने तक। थकावट मुझे भी बहुत है अब कन्धे पर किंचित् भारी बैग भी है...पर बालटाल को थोड़ा घूमकर देखने की इच्छा है। मेरे बगल से तीन-चार लोग बातचीत करते गुज़रे हैं और मैंने सुना है कि बालटाल से उठे धुएँ में गुलाम नबी आज़ाद की कुर्सी ऐसी घिरी कि इस्तीफा देना पड़ा।

घर से निकले सात दिन हो गये तब से न कोई अख़बार न समाचार और इस गुलाम नबी की गद्दी भी गयी। बैग अब अधिक भारी हो गया। आज़ाद की छवि एक नरमपन्थी तथा हिन्दू मुस्लिम समभावी नेता की रही है। अपने ढाई साल के कार्यकाल में उन्होंने कश्मीर के विकास पर ही अधिक ध्यान दिया। उन्होंने कट्टरतावादियों को याद कराया कि घाटी साम्प्रदायिक सद्भाव की मिसाल पेश करती रही है।

इस साल भी कश्मीर में पर्यटकों की आवाजाही का मई में रिकॉर्ड टूट गया। जून महीने में तो न उड़ानों के टिकिट आसानी मिल रहे थे न श्रीनगर के होटलों में जगह। डल झील में खड़े हाउस बोट और शिकारे भी पर्यटकों से भरे पड़े थे। लेकिन अमरनाथ श्राइन बोर्ड को बालटाल (सोनमर्ग) में ज़मीन देने का फैसला क्या हुआ कि सियासतदानों का गन्दा खेल शुरू हो गया। 25 जून को श्रीनगर अशान्त हुआ तो छब्बीस जून को सन्नाटा छा गया। पर्यटकों को जो भी साधन मिला उससे वे जम्मू, दिल्ली की ओर भागने लगे। विवाद काँग्रेस सरकार की बलि ले बैठा पर काँग्रेस का मानसिक दिवालियापन देखिये कि जब ज़मीन का फैसला लाखों यात्रियों के हित और कश्मीरियों के साम्प्रदायिक सद्भाव की रोशनी में लिया गया था तो ज़मीन वापिस लेने का निर्णय क्यों हुआ? वही डर...? वोट बैंक न खिसक जाए? इसी ढुलमुल मानसिकता ने कश्मीर को रिसता हुआ नासूर बना दिया है।

सरकार देशहित में कुछ दृढ़ता दिखाती है तो अगले ही पल चुनाव का भूत उसके आगे खड़ा हो जाता है।

मैंने कुछ और थकान अनुभव कर एक शिला का आश्रय ले लिया है। पीछे सिन्ध की कोई सहायक पहाड़ी नदी है। उसके पार हैलीपेड है...हर दस मिनट में एक हैलीकॉप्टर चढ़ या उतर रहा है। तीनों साथी आएँ तब तक और घूम लूँ बालटाल। मैं तो रात यहीं रुक लूँ पर जानता हूँ कि साथी यहाँ न रुकना चाहेंगे। थैला कन्धे पर रख मैं सड़क, बैरियर पारकर तम्बुओं की बस्ती में घुस जाता हूँ। भंडारे पर एक गिलास गुनगुना दूध लेता हूँ...।

''यह बैग यहाँ रखकर कुछ देर घूम आऊँ?''

''यहाँ घूमने को क्या है? बस ये पहाड़ और पहाड़ों के बीच मैदान।'' उत्तर देनेवाले सेवक का लहजा दिल्ली के आसपास का है।

''यूँ ही देखना चाहता हूँ कि क्या इसी ढालू-सी जगह के लिए इतना घमासान मचा है?''

''ओ जी घमासान तो कुर्सी का है...बोट का है। ये नेता साले हिन्दुस्तान को खा गये। आप कुछ खाइये तो दद्दू।''

''नहीं बस धन्यवाद! ये थैला...?''

''सो तो अपने साथ ही रखिये भोले जी...या वहाँ सी.आर.पी. कैम्प पर छोड़ दीजिए।...सी.आर.पी.एफ. का नाका जैसा बना है। वहाँ पूछा जाता है—''अरे जब बाबा के दर्शन हो गये भोले तो यहाँ चढ़ उतरकर क्या करेंगे। मीलों तक यही सूखा पहाड़ है...।''

''मैं वही तो देखना चाहता हूँ कि दो महीने के लिए यहाँ यात्री आवास की ज़मीन देने में क्या दिक्क़त है?''

''पता नहीं भोले...'' वह मुस्करा उठता है जैसे कह रहा हो यहाँ से टलो। कोई परेशानी हो तो बताओ...इन सवालों का जवाब मेरे पास नहीं है।

खिन्न-सा मैं पुनः बस, टैक्सी स्टैंड की ओर लौट आया हूँ। पहाड़ी रूट होने से यहाँ किराया कुछ अधिक है और यह कश्मीर का सर्वाधिक लाभदायक व्यवसाय भी है। एक टाटा सूमोवाला बालटाल से श्रीनगर तक दिन में दो बार आ जा सकता है और यात्रा के दिनों में कुछ खर्च काटकर एक दिन की बचत ढाई से तीन हज़ार हो जाती है। कोई बीस मिनट पश्चात् बैग रखने का ठिकाना मिल जाता है। स्थानीय दुकानदार इसके लिए पचास रुपये माँगकर 25 रुपये में राजी हो जाता है।...थैले को खोलकर देखता है तथा मेरे चेहेरे, लहजे और सामान से आश्वस्त हो जमा कर लेता है। यात्रा रजिस्ट्रेशन पत्र तो आदमी के परिचय का एक ज़रिया है ही।

मैं कुछ ऊँचे पर खड़े होकर पहाड़ों के बीच इस चौड़ी जगह का आकलन

करना चाहता हूँ। आधे पहाड़ की ऊँचाई पर अर्धसैनिक बल के जवान स्पष्ट दिखाई दे रहे हैं तथा शिखर की ऊँचाई पर धुँधले से। यूँ मौसम साफ़ सा है पर शिखरवाले जवान कभी-कभी बादलों की ओट में हो जाते हैं। तीखी, चुभती, धूप खुलती है तो ठंडी हवा उसकी तीव्रता को सोख लेती है। लंगरों, भंडारों के पीछे पहुँच मैं पहाड़ चढ़ता हूँ तो साँस फूलने लगती है फिर भी लाठी के सहारे मैं ऊँचाई की ओर बढ़ रहा हूँ...जहाँ तक पहुँच सकूँ। अजीब सा दृश्य है कि नीचे, कुछ ही फुट या मीटर नीचे आदमियों की रेलपेल हैं...आवाज़ें हैं...शोर है...मेले जैसा माहौल है। नीचे बसें, टैक्सियाँ, हैलीपेड, लंगर, तम्बू, घोड़े, आदमी कोई बहुत दूर नहीं। मैं अपने स्थान से लुढ़क भी लूँ तो कदाचित् किसी लंगर के पिछवाड़े ठहरूँ। इतनी ज़रा सी ऊँचाई होने पर भी मुझे अकेलेपन के भय ने आ घेरा। लगा कि नीचेवाले कुछ तो मुझे देख ही चुके होंगे। उनमें से कुछ दृष्टि जमाकर सोच रहे होंगे कि यह वर्दी में नहीं, न कोई वर्दीवाला या वाले इसके साथ हैं तो ऊपर चढ़ता जा रहा यह है कौन? यह तो वे लोग शायद ही सोचें कि इस ऊँचाई तक आने में मुझसे अधिक मेरी लाठी का ज़ोर लगा है। ऊपर जो सबको निगाह में लिये हैं वे बन्दूक़ों वाले हैं। अवश्य ही मैं इनकी भी निगाह में आ गया होऊँगा। वे अनुमान लगाने का प्रयास कर रहे होंगे कि वह कोई सिरफिरा है या संदिग्ध?

मुझे कश्मीर में तैनात एक चौबीस-पच्चीस वर्षीय फौजी ने बताया था...क्योंकि मैंने भी उसे बताया था कि मैं स्कूल टीचर था। वह बोला था—सर! यहाँ हम आपकी जान से अधिक अपनी जान के लिए सतर्क रहते हैं। हममें से किसी को नहीं पता होता कि रास्ते के आसपास खेतों में धान की पौध रोपनेवालों, महिला पुरुषों के बीच आतंकवादी कौन है? वह धान रोपते हुए ही नीचे झुककर गन उठाएगा और तड़ तड़ तड़ तड़!...तो हमें आपके लिए तो खैर...स्वयं अपने ज़िन्दा रहने के लिए सतर्कता से ट्रेगर पर उँगली बनाए रखनी पड़ती है। इस एक दो फीतेवाले सिपाही का आकलन बहुत हिला देनेवाला है—तथा साम्प्रदायिक सद्भाव, परम्परा आदि की लीपापोती से कतई अलग है और मेरा नागरिक बोध कहता है कि सीमा पर खड़े उस सिपाही की समझ का यथार्थ यहाँ नहीं लिखना चाहिए।

एक महीने बाद इस बालटाल में मात्र सेना का कैम्प और वृक्षहीन पहाड़ों पर हवा की सांय-सांय रह जाएगी। मैं समझ नहीं पा रहा कि कश्मीरी नेता क्यों इस रपटीली, पथरीली ज़मीन पर यात्रियों की सुविधा छीनने को उतारू हैं। ठीक है श्राइनबोर्ड न सही, सरकार ही यहाँ यात्री आवास बना दे। हाँ, उसे ये आवास नि:शुल्क या न्यूनतम शुल्क पर ही रखने होंगे। सरकार यहाँ होटल बना ले। पैसोंवालों से कमाये पर गरीब यात्री के लिए टिन की छाया तो उपलब्ध करा दे, क्योंकि यात्रियों में लाखों लोग तो कर्ज लेकर बाबा के दर्शन को निकलते हैं। हाँ,

भोजन आवास व्यवस्था स्थानीय कश्मीरी व्यवसायियों के भरोसे नहीं छोड़ी जा सकती। व्यापारी तो अधिक से अधिक लाभ पाना चाहते हैं। सरकारी और धर्मादा संस्थाओं के न होने पर ये लूट मचा देंगे।

मैं पहाड़ की ढलान से उतर आया। थोड़ी ही देर में मुझे अपने साथी दिखाई पड़ गये—आगे शंकर उसके पीछे शर्मा जी व पं. कैलाश जी।

एक टाटा सूमो से हम श्रीनगर की ओर उतर पड़े। हमारे साथ-साथ प्रकृति का अलौकिक, अद्वितीय सौन्दर्य भी उतर रहा है। नदी का इतना पारदर्शी, नील स्वच्छ जल कि अंक में भरकर आकंठ तृप्त होने को जी चाहे। बायीं ओर उद्दाम वेग में हहराती, मचलती, चट्टानों से लोहा लेती, बचकर निकलती नदी तो दायीं और पर्वत के साथ-साथ बहती, उतने ही स्वच्छ जल की नहर। जितने सुन्दर पर्वत उतने ही मनोरम खेत, उनसे अधिक आकर्षक लावण्य और जीवन की उमंग से भरे चेहरे—हम स्वर्ग से होकर गुज़र रहे हैं जहाँ पानी फसलों के लिए ईश्वरीय वरदान की भाँति बह रहा है...बस अपने खेत की ओर मोड़ भर लीजिए। खेतों के बीच बगीचे हैं, पर्वतों की ढलान पर बगीचे हैं। कुछ खेतों में धान खड़ी है, कुछ में रोपी जा रही है। टाटा सूमो ने सोनमार्ग में दो सवारियाँ उतारी चढ़ाई थीं, बस।...तब से लगातार भाग रही है टाटा सूमो। मैं नौजवान ड्राइवर से कहीं रुककर चाय पीने को कहता हूँ...वह नहीं ठहरता। मैं आगे चलकर फिर टोकता हूँ। ''जी मुझे मालूम है...। रोकूँगा।''

मुझे लगता है कुछ है जो इसे रुकने से रोकता है। गुंड में स्कूल और कॉलेज छूटने से रास्ते पर भीड़ है। छोटी-छोटी लड़कियों का बस माथे से ठुड्डी तक का भाग खुला है, शेष हर चेहरा बुर्के के पीछे। कुछ चेहरों के बुर्के हटे हुए हैं तो सचमुच लगता है कि चाँद का टुकड़ा चमक रहा हो। गोरे गोल चेहरे पर भरे-भरे गाल उन पर सेब की लालिमा। वहाँ लड़कियों के झुंड हैं पर कोई हँसी ठिठोली नहीं। शायद सड़क पर रास्ते में हँसना वर्जित हो।

देखता आ रहा हूँ कि रास्ते के हर गाँव, क़स्बे में ज़बरदस्त भवन निर्माण हो रहे हैं। यहाँ मकान ईंट, लकड़ी और टिन से बनते हैं। लकड़ी की बहुतायत है...। शायद वन विभागवाले इन्हें पेड़ काटने से रोकते नहीं या हो सकता है कि ये घरेलू उपयोग के लिए क़ानूनन पेड़ काट सकते हों। इस ओर खूब सम्पन्नता है। भारत सरकार जाने कितना पैसा घाटी पर लुटा रही है और यहाँ के नेता जेबें भी भर रहे हैं, लोगों को उकसा रहे हैं, आँखें दिखा रहे हैं। नहीं जानता कि हिन्दोस्तानी आदमी के ख़ून-पसीने की कमाई यहाँ कब तक बाँटी जाती रहेगी?

गुंड और गन्दरबल के बीच कोई सड़क का गाँव है जहाँ टाटा सूमो रुकती है।

''जल्दी से पी लीजिए चाय!'' युवा ड्राइवर मुझे सम्बोधित करता है। यह युवक बहुत चुप्पा है...जैसे बहुत सतर्क हो।

सवारियाँ चाय पीने उतरती हैं। ड्राइवर बैठा रहता है। हमारी चाय भी विनम्रता से अस्वीकार कर देता है। हम फिर चल पड़ते हैं—कंगन, गन्दरबल और लो आ पहुँचा श्रीनगर। ड्राइवर हमें हनुमान मन्दिर पर उतारेगा। लोगों ने हमें बताया कि वह हिन्दुओं के लिए सुरक्षित जगह है।...पर मुझे तो शिकारे, बोट हाउस, बसें, जीपें, सभी उतनी ही सुरक्षित लगीं जितनी वहाँ के निवासियों के लिए हैं। हाँ, कोई भय है जो कश्मीर पर पसरा है। कश्मीर तीर्थों का घर है इसमें 49 शिवधाम, 60 विष्णुधाम, 3 ब्रह्माधाम और 22 शक्तिधाम हैं।...पर ज़हर भरे कट्टरवादियों का क्या?

गंगासागर बरास्ता कोलकाता यानी आनन्द नगर में बदहवासी

वह 12 जनवरी की बेहद ठंडी और कोहरे में लिपटी भोर थी, जब हम घर से निकले। हम अर्थात् मैं, मेरी पत्नी, बहन शारदा और भतीजा अनिल, या अन्नू। चौथाई हिस्सा घर, हमें स्टेशन छोड़ने आया था, जैसे हम किसी जंग पर जा रहे हों और जंग से लौटना सदैव अनिश्चित होता है। वजह साफ थी कि हम तीन तो मरीज ही हैं—मेरी बाइपास हो चुकी है, बहन की एँजिओप्लास्टी, पत्नी मायके से ही गठियावात और गुस्से में आत्मपीड़न का दहेज साथ लेकर चली हैं तथा हर हिन्दोस्तानी औरत की तरह अपने पति को थोड़ा शरीफ, थोड़ा बेवकूफ मानती हैं। चार के टोल में स्वस्थ कहने को एक अकेला था अन्नू। शीतकाल में पहनने से लेकर ओढ़ने-बिछाने तक के वस्त्रों का वजन दस गुना हो जाता है। अन्नू को दौड़-भाग के साथ वजन उठाने के अतिरिक्त एक अन्य कारण से भी साथ लिया गया था। वह था तीन से अधिक होना, क्योंकि, 'तीन तिकाड़ा तो काम बिगाड़ा' की कहावत हमारी ओर प्रचलित ही नहीं, मान्य भी है। तिकाड़ा शब्द का अर्थ मैं भी नहीं जानता पर कहावत का आशय मेरी अनपढ़ पत्नी भी समझती है।

हम लोग गंगासागर की ओर निकले थे, क्योंकि हिन्दू धार्मिकता के अनुसार चारों धाम की यात्रा कर चुकने के पश्चात भी 'गंगासागर' शेष था। सब तीरथ बार-बार, गंगासागर एक बार। मकर संक्रान्ति का पर्व होता है गंगासागर पर। पत्नी हर वर्ष स्मरण दिलाती, "बस गंगासागर की यात्रा रह गयी है।" मेरे लिये गंगासागर का अर्थ था लगभग 10 हज़ार रुपये। और चादर ऐसी कि मुँह ढाँपों तो पाँव खुल जाएँ और पैर ढँको तो मुँह पर बन आए। टालते-टालते पाँच-छह वर्ष बीतने पर श्रीमती जी के स्वर में निराशा भरने लगी थी कि बिल्ली के भाग्य से छींका टूटा। वर्ष 2009 के 'कथाक्रम सम्मान' में सम्मान के साथ 15 हज़ार का चेक मिला। सम्मान अपने पास रख, हमने चेक पत्नी को सौंप दिया।

इतने रुपये बहुत होते हैं, सो बहन को भी साथ लिया गया। गाड़ी छह घंटे विलम्ब से हावड़ा स्टेशन पहुँची, 13 जनवरी को। अर्थात् अगली ही भोर का पर्व

है। एक भीड़ यात्रियों की इस गाड़ी से भी उतरी। भीड़ के संग होकर फेरी घाट और वहाँ से चार रुपये में हुगली पार कर बाबू घाट उतरे। गंगासागर के लिए बसें यहीं से मिलनी थीं। भड़भड़ी में नहाना तो दूर, खाना तक न खाया गया था। साथ लायी हुई बासी पूड़ी गटकते हुए पंजीरी फाँक कर पानी पिया। तीखी ठंडी हवा यहाँ भी जोर दिखा रही थी पर भागदौड़ में असर न हो रहा था। दो वजनी बैग अन्नू सम्हाले थे, दो हल्के-से मैंने। खाने-पीने की सामग्री के थैले पत्नी और बहन को भी सम्हालने पड़ रहे थे।

बाबूघाट से भी बस स्टैंड तलाशते हुए हम भीड़ में शामिल हो गये। पत्नी को चलने में परेशानी होती है पर वह भी ज्यों-त्यों साथ दे रही थी। शारदा अर्थात् बहन की सबको चिन्ता थी कि एक तो वह सहज रोगिणी, दूसरे बस में बैठते ही उसे उल्टियाँ शुरू हो जाती हैं। हम वहाँ पहुँचे, जहाँ बसें भरी जा रही थीं। बस वाला 70 रुपये प्रति सवारी की बोली लगा रहा था। मुझे वह अधिक लगा, क्योंकि वहीं एक व्यक्ति ने बताया था कि 45-50 रुपये लगते हैं। हम बैठने को बस तक पहुँचे...भीड़ देख वह 80 रुपये कहने लगा। इस पर भी बस में चढ़ना, सामान चढ़ाना कठिन।

वस्तुत: वहाँ बस स्टैंड नहीं था। बसवाले सवारियों के लिए बस खड़ी कर लेते थे। बसों के दसियों दलाल वहाँ घूम रहे थे। 25-30 मिनट में बस आकर ठहरती और चलते-चलते भर जाती। अब किराया 90 रुपये हो गया। हम दो घंटे से खड़े-खड़े हलकान हो उठे। एक व्यक्ति आया, ''बस उधर खड़ी है...सौ रुपये सवारी लगेंगे।'' हम उसके संग उधर की ओर हो लिये। वह लगभग आधा किलोमीटर दूर स्टैंड पर ले जा पहुँचा। यहाँ अनन्त भीड़। पश्चिम बंगाल परिवहन निगम की दो बसें खड़ी थीं और दोनों के लिए सौ मीटर दूर तक लाइन। अव्यवस्था इतनी कि कहा न जाए। पुलिस के मात्र दो कांस्टेबल दिख रहे थे। शासन द्वारा इस अवसर के लिए अतिरिक्त बसों की व्यवस्था की जानी चाहिए थी, वह नहीं दिख रही थी। पूछताछ, मार्गदर्शन का कोई ठिया नहीं। एक स्थान पर यात्रियों का स्वागत करते ममता बनर्जी के बड़े-से होर्डिंग के नीचे कुर्सियाँ डाले कुछ नौजवान थे और उनके आसपास भीड़ का घेरा था। वे गंगासागर की यात्रा विषयक कुछ जानकारियाँ दे रहे थे, शायद ये कि क्या करें और क्या न करें। मैं अपने गाँव और शहर में बंगाल की (वामपन्थी) सरकार के बारे में बड़े-बड़े दावे करता था और सच पूछो तो मुझे उम्मीद थी कि वहाँ सुव्यवस्था होगी ही। यहाँ के दृश्य और स्थिति देखकर मेरी कल्पना को आघात लगा। कहीं कोई नियन्त्रण ही नहीं दिख रहा था। किराये से लेकर खाने-पीने की वस्तुओं के भाव लूट की तर्ज पर बढ़ा दिए गये थे। इन दिनों बस स्टैंड पर पंडाल, जनसुविधाओं की विशेष व्यवस्था व चिकित्सा प्रबन्ध आवश्यक रूप से होने चाहिए। शायद कहीं हों भी किन्तु यहाँ नजर नहीं आ रहे थे।

लगा कि चूँकि यह एक धार्मिक यात्रा–पर्व है, इस कारण वामपन्थी सरकार इससे निरपेक्ष है।...धार्मिक हो तो अपनी दम पर भुगतो।

कार–टैक्सीवाले यहाँ से 400 रुपये प्रति व्यक्ति माँग रहे थे, जो अपने बूते के बाहर की बात थी। मैं भीड़भाड़ वाली ऐसी यात्राओं से प्रायः बचता हूँ और कोई लेखक, कलाकार किस्म का साथी हो संग तो भीड़ और अव्यवस्था का मजा भी ले सकता हूँ किन्तु जब साथ में दो अस्वस्थ तीर्थातुर महिलाओं का दायित्व हो, तो स्थिति बिगड़ जाती है।

इस बार एक व्यक्ति ने हमें 100 रुपये के भाव में चढ़ा दिया। बस चली और कुछ दूर जाकर एक स्थान पर खड़ी हो गयी कंडक्टर किराया उगाहने लगा। उसने हमसे 120 रुपये प्रति व्यक्ति माँगे। मैंने कहा सौ में तय हुआ है...बातचीत में तनातनी हुई तो परिचालक कहने लगा, ''इतना मारूँगा कि...।''

मैंने कहा, ''मार के देख...।'' यद्यपि यह निश्चित न था कि वह मारने लगा तो मैं क्या करूँगा। अपरिचित, सुदूर, भिन्न भाषाभाषी स्थान पर कोई भी लड़ना नहीं चाहता। वे चार लोग थे। सवारियों में अधिकांश लोग हमारी ही तरह ठगी का शिकार होकर भी चुप थे पर इस बीच अन्नू अकड़ गया। उसकी गठी हुई देह और फौजियों जैसा ट्रेकसूट देखकर कंडक्टर ढीला हुआ। हमें बस में चढ़ानेवाला अपना कमीशन वसूल कर पहले ही उतर गया था। हमारा साथ एक बिहारी महिला ने दिया कि हमें भी सौ कहे थे, हम भी इतने ही देंगे। कंडक्टर बरसने लगा, ''उतरो तुम सब...।''

महिला बोली, ''उतर जाएँगे, पर वहीं जहाँ से बस में बैठे हैं।''

इसी हील–हुज्जत के बीच बस चलती रही। गंगासागर को पहुँचाने वाला घाट यहाँ से 120 किलोमीटर दूर है। बस कई स्थानों पर खड़ी होती, थम–थमकर चलती रात्रि 9 बजे पहुँची। वहाँ कुछ व्यवस्था दिखी—घोषणा हो रही थी कि 150 मीटर आगे जेटी है। दो टिकट लेकर (4+5) जेटी से बोट पर सवार होना है। टिकट काउंटर कई स्थानों पर थे, यहाँ तक कि अनेक लोग राह चलतों के बीच भी टिकट बेच रहे थे, शायद इन्हें कुछ कमीशन मिलता होगा। एक आशंका यह भी थी कि इन चलित विक्रेताओं के टिकट नकली भी हो सकते हैं। शारदा को मार्ग में ही उल्टियाँ आरम्भ हो गयी थीं और वह निढाल हो चुकी थी। मुझे उस पर चिड़चिड़ा क्रोध आ रहा था। स्वभाव में वह माँ पर गयी है, कहीं भी चलने को सदैव तत्पर। बीमार रहती ही है, चलने की न पूछो तो भुन्न हो जाती है।

लेटने के बाद बारह बजे तक शारदा कुछ स्वस्थ हुई। जेटी के लिए पंक्ति भी अब कुछ चलने लगी थी। हम पंक्ति में शामिल हो लम्बे घुमाव पश्चात जेटी नं. 2 पर पहुँचे। हमने यह भी देखा कि व्यवस्थाकर्मी अपने परिचितों या सम्भवतः कुछ

ले-देकर अनेक लोगों को सीधे मार्ग से जेटी तक पहुँचा रहे थे। कमीशन या दलाली शायद हमारे देश का सामाजिक चरित्र हो चुका है। अपने काम और सुविधा के लिए हम लेन-देन में कोई संकोच नहीं करते और वैसे दो-चार रुपयों के लिए रिक्शेवाले, सब्जीवाले से चें-चें करते हैं।

बार-बार बैरियर लगा भीड़ को रोका जाता या कहें कि पंक्ति को थामा जाता। फिर-फिर आगे बढ़ते हम रात दो बजे वोट पर चढ़ पाए। तारीख बदलकर 14 जनवरी हो गयी और मकर संक्रान्ति का स्नान गंगासागर पर आरम्भ हो गया था।

पौन घंटे में बोट ने गंगा पार की। यहाँ का पाट इतना चौड़ा है कि गंगा समुद्र-सी प्रतीत होती है। अन्तर बस जल का है, यहाँ जल मीठा है और समुद्र का खारा। बोट से उतर लगभग एक किलोमीटर पैदल चलते हुए बस अड्डे की ओर बढ़े। इस समय तक लोग पर्व-स्नान कर लौटने लगे थे। यहाँ व्यवस्था कुछ बेहतर थी। गंगासागर दक्षिण 24 परगना जिला के अन्तर्गत आता है। सब बसों में एक ही किराया 30 रुपये। दूरी यही कोई 30-35 किलोमीटर। सभी बसें प्राइवेट। लगा कि पश्चिम बंगाल में बस ऑपरेटर बहुत शक्ति-प्रबल हैं। उनकी अपनी कोई व्यवस्था है, जिसमें सरकार हस्तक्षेप नहीं कर पाती या नहीं करती।

गंगासागर के बस अड्डे तक पहुँचते-पहुँचते सुबह के चार बज गये। आँखों में नींद और सिर में भारीपन के साथ देह टूट रही थी किन्तु मुझे स्वयं से अधिक चिन्ता साथ में जनानियों की थी। समुद्र तट की ओर जनसमूह का सैलाब उमड़ा चला जा रहा था। रात आँखों में ही दौड़ते-झूमते कटी थी, सो प्रबल इच्छा थी कि कहीं लेट कर देह सीधी कर लें। एक नहरनुमा नाली या कूल की पुलिया पर हमने बिस्तर लगाया और लेट गये। हाँ, दस-बीस मिनट की झपकी भी ली। पिछले दिन चूँकि बासी पूड़ियाँ और पंजीरी ही फाँकी थी, अतः निद्रा का बहुत अधिक प्रकोप अनुभव न हुआ। इधर सामान-सट्टे के लिए चौकन्ना भी रहना था। कोलाहल आसमान तक भरा हुआ। मुझसे दो फुट दूर कोई निवृत्त होने आ बैठा था। पुलिया के पार किसी विभाग का विश्रामगृह है जिसकी दीवार के सहारे प्रातः कर्मवालों की पंक्ति बैठी देखी। स्त्री-पुरुष की संज्ञाभेद बगैर।

मैंने पत्नी को जगाया। वह जगी हुई ही थी। मैंने कहा, ''मैं बैठा हूँ निबट लो!''

सड़क पार नल पर झुंड दिखा तो मैंने डोलची भर कर ला दी। पत्नी गयीं, लौटीं।

फिर शारदा को जगाया। मैंने भी प्रयास किया और अन्नू भी फ़ारिग हुआ। अब हम पर्व-स्नान के लिए तैयार थे। सड़क पर आती-जाती भीड़ का पारावार नहीं। सामान रखने का कोई ठिकाना नहीं। पता चला कि वहाँ से कोई डेढ़

किलोमीटर जाना होगा। यहाँ तक आ पहुँचे हैं तो जाना ही है। फिर से सामान लादा और जाते हुए रेले के साथ हो गये। बड़ी संख्या में भीड़ लौटने भी लगी थी।

यहाँ सबसे बड़ा भय भीड़ में बिछुड़ जाने का है। आँख ओट हुए कि बिछड़े। यात्री दल अपने-अपने झंडे उठाए पंक्ति या झुँड में चलते हैं। कोलाहल में किसी को पुकारने का कोई अर्थ नहीं। चार कदम दूर की हर आवाज एक महाकोलाहल में विलीन होकर रह जाती है। दृष्टि के आगे प्रतिपग बाधा। हमारा देश आश्चर्यजनक रूप से धार्मिक हुआ है। पर्वों, कुम्भों पर करोड़ों की भीड़ बिना किसी निमन्त्रण के एकत्र हो जाती है—असुविधाओं से जूझती, दोगुना-चौगुना खर्च करती और जान तक जोखिम में डालती। हम लोग किसी साहित्यिक, सांस्कृतिक आयोजन के लिए बड़ी मँजी हुई भाषा में महँगे-महँगे निमन्त्रण-पत्र छपवाते हैं, बाँटते-निवेदन करते हैं। प्रसिद्ध विद्वानों को वक्तव्य देने, उद्‌बोधन के लिए बुला कर जनता से जनता की बात करते हैं। बेहतर बैठक व्यवस्था तथा चाय-पानी का इन्तजाम तक होता है, अखबारों में समाचार, सूचनाएँ प्रकाशित करवाते हैं, जबकि हमारे आसपास ही कहीं किसी मूर्ख कथावाचक की कथा सुनने या धार्मिक नौटंकी देखने सैकड़ों-हज़ारों की संख्या यूँ ही हो जाती है।

हम मानव समुद्र की ओट में छिपे समुद्र की ओर बढ़े जा रहे थे। समुद्र की बालुका पर दोनों ओर दुकानें थीं। दुकानों के पीछे सरकंडों की अस्थायी झोंपड़ियाँ बनाई गयी थीं जिनमें यात्री ठहर सकें। इधर अस्थायी सार्वजनिक शौचालय भी थे। भीड़ में हम स्वयं को सँभालते समुद्र की ओर बढ़ रहे थे। लौटनेवालों की दरेर में बहुधा आगे बढ़नेवालों की पंक्ति टूटी जाती। मुझे आश्चर्य तो अपनी श्रीमती जी की क्षमता पर था कि जो आधा किलोमीटर चलने पर ही काँपने लगती हैं, वह बीती दोपहर से चलती ही आ रही हैं। अन्ततः हम बंगाल की खाड़ी के गंगासागर नाम्ना विस्तृत तट पर पहुँच गये। वहाँ तीन-चार किलोमीटर दूर तक या जहाँ तक दृष्टि पहुँचती, अथाह मानव समुद्र हिलोरें ले रहा था। संयोग से हमें एक ऊँचे-से ढीह पर बैग-थैले रखने लायक जगह मिल गयी थी।

भीड़ में गुम होनेवालों के नाम-पतों की निरन्तर घोषणाएँ हो रही थीं। कोई रोते हुए अपनी ही आवाज में परिजनों-साथवालों को पुकार रहा है, तो कोई उद्‌घोषक के माध्यम से। एक बात यह भी दिखी कि इस अपार जनसमुद्र के मध्य संवाद का सूत्र या माध्यम हिन्दी है। कभी-कभार बांग्ला भाषा में होती उद्‌घोषणा भी इसलिए और अच्छी लगती है कि अँग्रेजी की उपस्थिति यहाँ है ही नहीं। टोलों-दलों के बीच अपनी प्रान्तीय भाषा और सम्पर्क के लिए हिन्दी। इस महामानव समुद्र के बीच आत्मानुशासन भी था और सरकारी व्यवस्था भी अच्छी थी।

दस-पन्द्रह मिनट में अन्नू दोनों को स्नान करा लाया। साध पूरी हुई, पूर्व का

पुण्य हाथ आ गया, गोकि अन्त में मुट्ठी में बाँधा गया यह हस्तगत पुण्य भी यहीं छूट कर रह जाएगा। मुट्ठी खुल कर हाथ पसारे ही तो जाना है। पत्नी और बहन के चेहरे पर सन्तुष्टि का सौम्य भाव देख मैं आश्वस्त हुआ और वस्त्र उतार शरीर को शॉल में लपेट मात्र चड्ढी पहने मैं भी जल की ओर चला। मैंने एक हिलोर के आगे सिर किया और पूरा भीग गया। अब दूसरी लहर की प्रतीक्षा थी।...फिर डुबकी और फिर डुबकी। इसके पश्चात शॉल सम्हाले अनिल के पास लौटा। पानी वहाँ भी घुटनों से ऊपर आ पहुँचा था।

अब अनिल का स्नान। वह समुद्र में आगे तक जा पहुँचा, जहाँ चार-छह लोग ही थे। बार-बार डुबकी लेने लगा। इधर समुद्र दौड़ता बढ़ा आ रहा था। मेरी आवाज अनिल तक पहुँच नहीं सकती थी। पीछे आदमी का कोलाहल और आगे मन्द स्वर में समुद्र। मैं अनिल को दृष्टि में अवश्य लिये था। कुछ देर में वह लौटा। हम अपने स्थान की ओर बढ़े। सरकंडे की जिस झोपड़ी को हमने निशान बनाया था, वह बढ़ते समुद्र के कारण हटती भीड़ की चपेट में गिर गयी थी। स्थान-स्थान पर झंडे ऊँचे उठाए जा रहे थे कि उनके साथी अपना स्थान जान-समझ सकें। खैर, हम अनुमान की सीध बाँधकर गये थे और उसी सीध में लौट भी लिये। हमारे ठिये के नीचे भिखारियों की दो समानान्तर पंक्तियाँ थीं, पानी बढ़ने से वे बिखर गयी थीं पर कुछ भिखारी तितर-बितर हुए-से खड़े रह गये थे। ढीह को दो फुट ऊँचाई से ही हम अपना स्थान पा सके। सबसे पहला काम पीछे हटना था। ठंड तो अब भी थी पर उतनी नहीं लगी, जितनी स्नान करने से पूर्व डर रहे थे। कुछ पीछे पहुँच वस्त्र पहने तो शीत जैसा रहा ही नहीं। स्नान करके हम लौटे, पर लौटना क्या, पत्नी और बहन के थैलों से जाने क्या-क्या दान-वस्तुएँ निकलने लगीं। चावल, दाल, तिल, पात्र, वस्त्र। भिखारियों की कमी थी नहीं। कपड़े के चार-छह टुकड़ों, कुछ गिलास-कटोरियों तथा दो-चार किलो अन्न से क्या होना था? किन्तु वे दोनों इतने भर से ही अधिकतम भिक्षुकों को सन्तुष्ट करना चाहती थीं। गोदान करवाने के लिए बछिया व छोटी-छोटी गाएँ लिये घूमते सैकड़ों तिलकधारी फैले हुए थे—बच्चों से बूढ़ी उम्र तक के...। जाने कहाँ-कहाँ से और जाने कितनी प्रकार के माँगनेवाले यहाँ एकत्र हो जाते हैं। लूले, कोढ़ी, बहते घावोंवाले अपने-अपने घाव उघाड़े पैसे माँग रहे हैं, औंधे मुँह पड़े हुए कराह रहे हैं। पत्नी और बहन ने अपना-अपना गोदान भी निबटाया। इन पूजा करानेवालों में अधिकांश आधे-अधूरे गलत श्लोक बोलते हैं पत्नी और बहन को भी गलत संकल्प और मेरी समझ में न आने वाला जाने कौन सा श्लोक बोलते हुए उस तिलकछाप पोंगा पंडित ने 51-51 रुपये दो मिनट के भीतर धरा लिये। जो हो, मैं उनके चेहरों पर सन्तोष देखना चाहता था और वे दोनों समरभूमि के इतने कठिन संगर की परिश्रान्ति के बावजूद प्रसन्न थीं।

मन्दिर न बड़ा है, न प्राचीन ही। निकट से और अधिक गहरे से तो न देख सका पर मेरा अनुमान है कि पचास वर्ष से अधिक पुराना नहीं है। गंगाजी और कपिलमुनि महाराज की मूर्तियाँ इस प्रकार सजी-ढँकी हैं कि दूर से अनुमान लगाना भी कठिन। गहराई में जाने का न मेरे पास समय है, न सुविधा। देशाटन परिवार के संग शायद सम्भव ही नहीं है—हाँ, युगल जवान और निःसन्तान हो तो बात और है।

अब हम आवास की खोज में हैं, नहाए और थके हुए। गंगासागर कस्बे की ओर उसी सड़क से लौट पड़े हैं। यह ऊपरी मार्ग है। मुख्य मार्ग नीचे है जिस पर घर, धर्मशालाएँ, होटल, दुकानें और भीड़ है। इस मार्ग पर अस्थायी धर्मशालाएँ हैं, जो कुछ स्थायी निर्माणों से सट कर मैदान में विशाल टेंट लगाकर बनाई गयी हैं। बड़े-बड़े पंडाल हैं, इनमें भी आवास सुविधाएँ हैं। पर ये सभी विभिन्न समाजों की हैं—अग्रवाल, मारवाड़ी, चित्रगुप्त, राजपूत, यादव, जाने कितने समाज। समाजों में उप-समाज। एक स्थान पर समान टिका कर मैंने दो समानान्तर सड़कें नापी थीं। पचासों पंडाल थे। भाँति-भाँति के ब्राह्मणों के ही आठ-दस पंडाल मिले पर दुर्भाग्य से उस आर्य-कबीले के ब्राह्मणों का नहीं मिला, जिस कबीले से मेरी पहचान बनती है। हम जहाँ अल्प विश्राम के लिए थम गये थे, वहाँ श्रद्धालुओं से ताजा गरम खिचड़ी खाने का आवाहन किया जा रहा था। चाय भी बँट रही थी। स्नान से लौट एक दुकान पर पाँच-पाँच रुपये की जो चाय पी थी, उससे स्वाद के संग जी भी खराब हो गया था। कोलकाता से यहाँ तक नींबू चाय का प्रचलन अधिक दिखा। संक्रान्ति पर्व पर यहाँ खिचड़ी पकाकर खाना शुभ माना जाता है। पत्नी भी खिचड़ी की सामग्री साथ रखकर लायी हैं पर यहाँ उतना अवसर और अवकाश कहाँ। यूँ सड़क के किनारे कुछ महिलाएँ अपनी खिचड़ी पका भी रही हैं।

मैंने पंक्ति में लगकर दो दोने भर खिचड़ी ली। खिचड़ी स्वादिष्ट लगी तो एक दोना इन लोगों को दिया, फिर दो दोने और लिये गये। चाय भी ठीक थी यहाँ। सब धर्मार्थ बँट रहा है। यह कोई चौसर वैश्य समाज का पंडाल है। पीछे सरकंडों के आवास हैं। इसके पड़ोस में ही कलकत्ता कान्यकुब्ज ब्राह्मणों का पंडाल है—मैथिल ब्राह्मण, सरयूपारीण, गौड़, सारस्वत, विविध भाँति के ब्राह्मण। संस्थाएँ इस प्रकार स्वयं को सीमित कर लेती हैं। क्षेत्र, जाति, समुदाय जैसे लुभावन जुमले प्रत्यक्ष या परोक्षतः एक प्रकार की आत्मरति हैं।

हम लोग दो-चार सौ रुपये रोज की ऐसी व्यवस्था की खोज में थे जहाँ सोने, नहाने तथा शौच की व्यवस्था हो एक दिन रुकना है क्योंकि कल सोमवती अमावस्या है। घर से ही योजना बनकर आयी है कि उस पुण्यतीर्थ में सोमवती स्नान भी हो। अन्नू एक स्थान पर बात करके आया, ''बाबा ने कह दिया है, चलो!''

यह 'शंकर धाम आश्रम' नामक स्थान है, जिसमें सरकंडों के कोई चालीस

आवास बने हैं अर्थात् बीच-बीच में नारियल पत्तों की चटाई से पार्टीशन लगाकर। एक ऐसे ही आवास में हम चार बड़ी मुश्किल से समाए। नीचे पुआल बिछा है। थकान से चूर सभी ढह गये और दो-तीन घंटे की पहली, गाढ़ी नींद ली। दो बजे आगे स्थान पर लोग भोजन के लिए बैठते दिखे। हम भी बैठ गये। चावल और दाल का भरपेट भोजन। लौटकर मैं पुनः सो गया। अन्नू इन्हें साथ लेकर घूमने निकल गया था।

सायं छह बजे बाबा ने खटखटाया, "तुम गये नहीं? दो घंटे का कहा था, उठाओ समान!"

मैंने निवेदन किया कि "लड़का आपसे कहने पूछने गया था, आप मिले नहीं। आप अनुमति देंगे तो रह लेंगे अन्यथा निकल जाएँगे।" बिना कुछ उत्तर दिए बाबा चला गया।

सात बजे के पश्चात् ये लौटे तो हम सब फिर से सो गये। नौ बजे झोंपड़ी खड़खड़ाई गयी। सरकंडों की टटिया की ओट हटाई। एक युवा दिखा आक्रामक मुद्रा में। "कब तक रहेंगे?' उसने कड़क भाषा में पूछा।

"कल सुबह चले जाएँगे," मैंने बताया।

"आश्रम को कुछ देना पड़ेगा।"

"दे देंगे।"

"खाना-पीना होगा?"

"नहीं।"

"अच्छा पाँच सौ की रसीद कटाओ! ये सब बनाने, सुविधा देने में खर्च होता है ना!"

मैंने कहा, "इतना तो बहुत ज्यादा है।"

"खर्चा होता है ना! कहा तुझको...।" बांग्ला लहजे की हिन्दी में उसने लगभग डाँट पिलाई।

चार सौ रुपये देकर मैंने पिंड छुड़ाया। दो युवक और आ पहुँचे थे। बाबा उनके सामने घुन्ना बनकर खड़ा था। रात और आधे दिन के भूमि शयन तथा सुबह-शाम फरागत होने के एवज में यह भी घाटे का सौदा नहीं था, धन से ही धर्म चलता है...'धनात् धर्म ततो सुखम्।'

अगले दिन प्रातः पुनः सागर स्नान हुआ। थैले हम वहीं छोड़ गये थे। लौटकर सुरक्षित भी मिले। धर्म की मुफ्त और स्वादिष्ट खिचड़ी खाकर, चाय पीकर उसी भाँति बसों में चढ़ने की हड़बड़ी और पंक्ति में धीरे-धीरे रेंगते हुए जेटी तक पहुँचना। एक बजे इस पार आ गये। यहाँ बसों की व्यवस्था बदलकर लगभग एक किलोमीटर दूर कर दी गयी थी। लौटते हुए किराया डेढ़ सौ रुपये न्यूनतम जा पहुँचा

था, सो भी बसें उपलब्ध न हो रही थीं। एक जीप के सहारे हम डायमंड हार्बर तक आये। यहाँ से कोलकाता के लिए लोकन ट्रेन चलती हैं। एक प्रकार से यह भी अच्छा ही हुआ, ट्रेन से बहन को उल्टी नहीं आती। किराया भी बहुत मामूली।

साढ़े सात बजे रात हम स्टेशन के बाहर हुए। मैंने धर्मशाला की पूछताछ की। खोजने निकला पर वाह रे कोलकाता! इतने विशाल स्टेशन के आसपास तो क्या, दूर तक किसी धर्मशाला का सुराग न मिला। मामूली दर्जे के लॉज उँगलियों पर गिनने भर को नहीं थे। जो थे, उनमें हमारे लिये कोई कमरा नहीं। मैंने दाएँ-बाएँ कम-से-कम दो-दो किलोमीटर सड़कें-गलियाँ छानीं। ठंड का मौसम और हम खुले आसमान के नीचे, वह भी अजनबी शहर में। अब क्या करें? लौट के बुद्धू, स्टेशन पर।

घर से फोन पर फोन आ रहे हैं, लोकेशन ली जा रही है, योगक्षेम पूछी जा रही है। शीत का भयानक प्रकोप उधर भी है और इधर भी। तीन मरीजनुमा लोगों को सहेजने एक अकेला युवक, जिसने कभी अपेक्षाकृत निकट के दिल्ली-भोपाल भी नहीं देखे, वह इतनी दूर क्या-क्या देख पाएगा? रिश्तेदार भी पूछताछ से पीछे नहीं, शायद सबकी यही चिन्ता रही होगी कि कोई मर-मरा न जाए। जेटी पर भीड़ में मरने की खबरें भी थीं। हमने स्वयं एक शव समुद्र के किनारे देखा था।

अब कैसे कह दें यहाँ सियालदह स्टेशन पर थोड़ी-सी जगह घेर कर बिस्तर लगाये पड़े हैं। रोटी लेकर आये हैं, जो ठंडी होकर रबर हो रही है। सब्जी में थोड़ा स्वाद अवश्य है पर इसमें सड़े आलू भी काट लिये गये हैं। यह रोटी-सब्जी मैं सड़क किनारे बैठनेवाले चलित भोजनालय से लाया हूँ। सड़क पर रहनेवाले, काम करनेवाले, रिक्शाचालक, कुली, मजदूर, रेहड़ी-ठेलेवाले, सब इसी से पेट भरते हैं। इन चलित भोजनालयों की कतारें हैं सड़क किनारे। ये दस रुपये में पाँच रोटी के साथ मीट का स्वाद भी देते हैं। मैंने बड़े-से कुल्हड़ में आलू की सब्जी भरवाई है। मीट का जिक्र कर दूँ तो पत्नी और बहन, दोनों कौर भी न तोड़ें। हमारी ही भाँति आवास बनाये बगल के यात्री चर्चा कर रहे हैं कि दस रुपये में इतना चावल मिल जाता है कि पेट खूब भर जाए। मैं सोचता हूँ कि 'सिटी ऑफ जॉय' अर्थात् 'आनन्द नगर' में यह आनन्द कोई कम तो नहीं!

मैं एक बार फिर से होटल की टोह में भटका! एक होटल या लॉज में तीन पलंग का कमरा बताया दो हज़ार रुपये रोज। दो सौ रुपये अतिरिक्त भुगतान पर चौथा आदमी ठहरने की भी अनुमति दी। पर इतना मेरे लिये अत्यधिक था। एक बार मन हुआ कि कथाकार मधु कांकरिया को फोन करूँ कि देखा आपका शहर, जहाँ भटकने के भरपूर अवसर हैं पर संकोच में रह गया कि कहीं लेखकीय संवेदना या औपचारिकता में वह घर पहुँचने का आग्रह न कर दें। उनका घर जाने कितना बड़ा

होगा, एक साथ चार लोग तीन दिन रुके रहें, यह आतिथेय को सजा की तरह अनुभव होगा। कवि पवन करण ने आते समय बताया था कि भारतीय भाषा परिषद में लेखकों के रुकने को व्यवस्था है। वहाँ उन दिनों डॉ. विजय बहादुर सिंह 'वागर्थ' के सम्पादक थे। मेरे खूब परिचित हैं पर एक तो यह सोच कर कि वे जाने कहा हों। दूसरे यह कि इस बीच ग्वालियर आने पर मैं उनसे भेंट करने गया था तो वे मुझे कोई भाव नहीं दे रहे थे, मैंने उन्हें भी फोन करना उचित नहीं समझा। प्रातः 4 बजे से जगा हूँ, 5 बजे गंगासागर की ओर निकल लिये थे। अब पलकें नींद से भर उठी हैं और फर्श ठंडा होता जा रहा है। रातें और दिन यूँ ही बिताने हैं, इसी शहर में जहाँ निम्न मध्यवर्ग के ठहरने को ठिकाना नहीं है।

सुबह पौने चार बजे उठकर बैठ गया। फर्श की ठंडक और कम्बल में न समानेवाली सर्दी तो कारण थी ही, वहाँ आरम्भ हुई भागदौड़ उसका कारण थी। जहाँ हमने डेरा डाला है, वह एक चौड़ा और लम्बा गलियारा है, जो सियालदह स्टेशन और लोकल स्टेशनों के बीच पड़ता है। सिर, पीठ पर विभिन्न वस्तुएँ लादे स्त्री-पुरुष भागते हुए लोकल पकड़ने की जल्दी में थे।

सुबह निबटान की समस्या प्रथम है। रेलवे शौचालय पर लम्बा क्यू लगा है, पर चारा भी क्या है? एक-एक कर निवृत्त हुआ गया। दोनों महिलाओं के संग जाना पड़ता है-कहीं जाकर किसी अन्य दिशा की ओर घूम गयीं, तो कोई ठिकाना नहीं। अन्नू ने सुबह एक सुलभ स्थान खोज लिया। स्टेशन से सटा एक गिरे हुए भवन का खंडहर है जिसका द्वार ऊबड़खाबड़, टूटे फर्नीचर से बन्द किया गया है। उसके भी पहले इस भवन की ओर खुले प्रांगण जैसा है। वहाँ एक कोने में महिला आग सुलगाकर खाना बना रही थी। आसपास रखे सामान और दो बच्चों से लगता था, यही उसका रहवास भी है। चारों ओर गन्दगी फैली है। लघुशंका करनेवालों को हँकेरती तो वह दो कदम आगे बढ़ खड़े हो जाते। ओने-कोने लोग कबूतर की तरह आँखें बन्द किये खुले आम निबट रहे थे। खंडहर तक मल के इस मैदान को लाँघकर ही जाना पड़ता था। अनिल मुझे दीवारों के बीच उगे झाड़-झंखाड़ों भरा वह दिव्य स्थान दिखा लाया, जहाँ दिन में भी नित्यक्रिया सम्पन्न हो सकती है। हाँ, द्वार मार्ग पर किंचित् सावधानी बरतनी होगी। इसके पश्चात् हमने इसी स्थान का उपयोग किया, अन्यथा स्टेशन पर क्यू में लगकर भी सुबह-शाम के दस रुपये प्रतिदिन खर्च करने पड़ते।

दौड़ते-भागते लोगों का दल इतना बढ़ चला कि उस चालीस फुटा गलियारे में भी हमें अपने बिस्तर समेटने पड़े। लगा कि इस शहर में कोई भी धीमा नहीं चलता, जैसे हर किसी की ट्रेन छूट रही हो। इस क्षेत्र में तो मजदूरों की संख्या ही अधिक है। प्रातः छह बजे से रात नौ बजे तक बाबू वर्ग भी यूँ ही भागता दिखता है।

बहरहाल, इस अत्यन्त व्यस्त स्टेशन के ठीक बगल में हमें दैनिक आवश्यकताओं की पूर्ति हेतु खंडहर मिल गया था। स्पष्ट हुआ कि आवश्यकता आविष्कार कर ही लेती है। पंचतारक स्थलों के बीच कुछ जगहें बची ही होती हैं कि अकिंचन की गुजर हो जाए और अपने ही ठाठ से।

हमारे सामने तीन खाली दिन पसरे थे। कोहरे के बीच से कबरी धूप झाँकने लगी थी। स्नान के बाद अखबार तलाशे। यहाँ हिन्दी अखबार कम ही दिखते हैं। प्लेटफॉर्म से पूरब की ओर उसी खंडहर की ओर जानेवाली सीढ़ियों पर चाय के दो स्टॉल हैं। एक रुपये में प्लास्टिक के छोटे कप में चाय मिल जाती है और यह स्वाद में भी बुरी नहीं। एक स्टॉल पर तो बीस-बीस मिनट प्रतीक्षा करनी पड़ती है। मैं चाय लेकर...लेकर क्या, छह कप लोटे में भरकर ठिये पर पहुँचा। पत्नी और शारदा खिड़की की जाली पर अपनी साड़ियाँ सूखने के लिए लटका चुकी थीं। स्टेशन पर यात्रियों की भीड़ बढ़ती जा रही थी। दल के दल लौट पड़े थे। हमने देवी दर्शन की योजना बनायी। तीन बैगों में सामान ठूँस अमानती सामान घर में जमा किये और दो छोटे-छोटे थैले कन्धे से लटकाए।...काली मन्दिर जाना है।

बाहर टैक्सीवाले हैं—पीले रंग की एम्बेसडर कारें। ''दो सौ दे देना...अच्छा, वनसेवंटी फाइनल।'' यहाँ हिन्दी बोलने में किसी दुकानदार, रिक्शा-टैक्सीवाले को परहेज नहीं। हाँ, यहाँ का बुद्धिजीवी अवश्य बांग्ला में बात करेगा या अँग्रेजी में। कोलकाता रेजीडेंसी के वर्चस्व को वह अब भी अपनी रगों में दौड़ता अनुभव करता है। हम तो कुछ आगे बढ़कर बस का शोधन करके छह-छह रुपये किराये में कालीघाट पहुँच गये। अन्तर यही था कि आधा किलोमीटर उधर चलना पड़ा और एक किलोमीटर के लगभग मन्दिर की ओर। आज पत्नी को चलने में बहुत कष्ट था, उनका घुटना पिंडली तक सूज आया है।

काली मन्दिर पर बेतहाशा भीड़...गंगासागर आनेवाले काली दर्शन से क्यों चूकें! बड़ी लम्बी पंक्ति है—आधा किलोमीटर तो सड़क पर है, मन्दिर के घुमावों से कितनी दूरी और बढ़ेगी, अनुमान नहीं लगाया। पंक्ति का अर्थ ढाई-तीन घंटे चींटी की तरह चलना। एक चोर रास्ता भी है कि पूजा करवाने के लिए पुजारी तय कर लीजिए, वह कहीं बीच से मन्दिर के भीतर पंक्ति में धँसा देगा। हमने भी इस चोर रास्ते का प्रयोग करना चाहा—जैसे 'वैदिकी हिंसा हिंसा न भवति' वैसे ही धरम-करम की बेईमानी बेईमानी नहीं मानी जाती।

पुजारी मन्दिर के भीतर या परिसर में ले गया किन्तु वहाँ दो बल्लियों पर पाँव रखते हुए पाँच-छह फुट ऊँची दीवार फलांगनी थी। बहन तथा पत्नी यह साहसिक कर्म नहीं कर सकतीं। हमने हाथ जोड़कर पुजारी को निराश किया। हमारे साथ उसका समय नष्ट हुआ था। अन्नू इस युक्ति को आजमा कर ऊपर पंक्ति में हो गया।

बहन को भी युक्ति आई और वह बल्लियों के बीच की फाँक से भीतर सरक गयी और ज्यों-त्यों पंक्ति का भाग हो गयी। हम पति-पत्नी ने तय किया कि देवी को यहीं से प्रणाम किये लेते हैं। एक तस्वीर खरीद लेंगे, मूर्ति भी तो वैसी ही होगी। पत्नी को मलाल तो रहा होगा किन्तु विवशता थी। उन्होंने मेरा सुझाव स्वीकार कर लिया। बहन के चेहरे पर जीत जैसी खुशी देख हम भी सन्तुष्ट थे।

अन्नू, शारदा के लौटने पर हम मन्दिर से निकल बाहर लगे मन्दिर के बाजार में आये। बेटे-बेटियों के लिए जाने क्या-क्या खरीद हुई। बारह रुपये प्लेटवाले चावल का पेट भर भोजन कर हम सियालदह अपने ठिकाने पर लौट आये।

शाम होने पर ठंडी तीखी हवाएँ चल पड़ी। तापमान सात-आठ डिग्री के बीच होगा पर हमारे पास ओढ़ने योग्य वस्त्र थे ही। अब दो दिन, दो रातें बितानी हैं। हमारा स्थान घिर चुका था। प्लेटफॉर्म, बरामदा सब जगह यात्री ही यात्री। अब हमने एक कार्यालय की सीढ़ियों से सटी जगह चुनी। कुछ स्थान यहीं रिक्त था। शायद वहाँ बैठा चपरासीनुमा व्यक्ति लोगों को हड़का देता होगा। जीने से लगी ही लिफ्ट थी। मैंने उस व्यक्ति के निकट जाकर अपना बोरिया-बिस्तर बिछाने की अनुमति माँगी। जाने क्या सोचकर उसने हमें एक कक्ष के द्वारवाली दीवार की ओर संकेत कर दिया। वह स्थान कुछ हटकर भी था। एक बड़े चौकोर पिलर तथा दीवार के बीच हमने फट्टी कम्बल बिछा बैग-थैले जमा लिये। दो दिन के लिए यही हमारा घर होगा।

अन्नू खाना लाने चला गया तो मैं बोतलें लेकर प्लेटफॉर्म की ओर आया—पानी भरने। बाहर खुले आकाश तले एक बुढ़िया भिखारिन है, अधफटे वस्त्रों में अधनंगी। एक पतला-सा गीला कम्बल लपेटे है। फर्श पर पानी बह रहा है और वह वहीं एक जूठे, प्लास्टिक के गिलास में कुछ खखोल रही है। मैंने सुबह भी इसे यहीं खुले, गीले फर्श पर देखा था। ऐसी वृद्ध महिलाओं को देख मुझे अपनी माँ का स्मरण हो आता है। बेचैन हो उठता हूँ, कुछ कर नहीं सकता था बस पश्चाताप करता हुआ मुँह फेर लेता हूँ। हमारे पास चार कम्बल हैं, एक इस वृद्धा को ओढ़ा कर हम तीन में काम चला सकते हैं। थोड़ी-सी असुविधा अवश्य होगी। मुझे लग रहा है कि रात में यह वृद्धा ठंड से एँठकर मर जाएगी, किन्तु मैं इस पर अपना कम्बल डालने का साहस न जुटा मानसिक तर्क गढ़ने लगता हूँ, 'सरकार को देखना चाहिए यह सब। इस महानगर में हज़ारों अरबपति हैं, हज़ारों कम्बल बाँट सकते हैं। लाखों लोग फाइव स्टार होटलों में पाँच-पाँच हज़ार के लंच-डिनर लेते हैं, उनका दायित्व बनता है। फिर यहाँ आसपास ही इतने दुकानदार, अधिकारी-कर्मचारी हैं जो प्रायः सभी मुझसे अधिक कमानेवाले हैं, वे भी तो देखते हैं। मैं पिद्दी-सा आदमी दानवीर कर्ण बनने का भ्रम क्यों पालूँ?

मुझे फिर से अपनी माँ का ख्याल आता है और मैं घबराकर नलों की ओर निकल लेता हूँ।

रात दस बजे के बाद हमारे आसपास की जगह धीरे-धीरे भरने लगती है। अख़बार बिछाकर पतला-सा कम्बल ओढ़ लुढ़कते दसियों लोग यहाँ आकर सोने लगे हैं। हम ऊनी कपड़ों में लदफद होकर भी शीत अनुभव करते हैं और ये...?

एक महिला यहाँ सुबह छोड़े गये अखबार उठाकर तह कर रही है। तीन बच्चे उसके साथ हैं। दूसरे दिन उसी चपरासीनुमा व्यक्ति से पता चला कि यह औरत रोज सुबह अपने बच्चों को बड़ी लड़की (यही कोई 9-10 वर्ष) के हवाले कर यहाँ सुला या लिटाकर कहीं जाती है और रात को आती हुई ले जाती है। बच्चे माँगते-खाते रहते हैं। मैं सोने का सावधान प्रयास कर रहा हूँ। कांस्टेबल आकर सजग कर गया है कि अपने सामान की सुरक्षा रखें। मैं और पत्नी बारी-बारी से सोते-जागते हैं। किताब मुझे जागने और समय काटने में सहयोगी साबित हो रही है।

प्रात: नित्यक्रिया हेतु जाते हुए देख रहा हूँ कि बुढ़िया का कम्बल हिल रहा है। आश्चर्य कि बुढ़िया जीवित है और उकड़ूँ बैठी काँप रही है। मैं चायवाले से एक कप चाय लेकर उसके पास रख देता हूँ और चिल्लाकर कहता हूँ, चाय!...एक काँपता हाथ कम्बल से बाहर निकलने लगता है।

लौटने पर पत्नी ने बदबू की शिकायत की। पाया कि रात को जो भिखारी हमारे पैताने की ओर पिलर से लगकर आ सोया था, उसने वहीं अपने चीकट, फटे कपड़ों में शौच किया है और जिस अखबार को बिछाकर सोया था उसी से पोंछ-पोंछकर पिलर के निकट रखी भार तौलनेवाली मशीन के पीछे फेंक रहा है। इस दृश्य और बदबू के भभके से मुझे उबकाई आने लगी। मैंने अपने बिस्तर दूर सरकाए। बहन और पत्नी को स्वीपर द्वारा सफाई-पोंछा कर जाने के बाद बताया अन्यथा वे सचमुच उल्टी करने लगतीं।

भिखारी लिफ्ट की ओर सरक गया था। जमादार और चपरासी उसे भगा रहे थे पर वह टलने को न था। डाँट-डपट का उस पर कोई असर ही नहीं। उत्तर में वह स्वयं भी जाने क्या बड़बड़ाता था। ऐसे घिसटते आदमी का किया भी क्या जा सकता है? इस नरक से बड़ा कोई दूसरा नरक और बड़ी सजा शायद यमराज भी न खोज पाए। जमादार द्वारा कम्बल खींचे जाने पर वह केंकड़े की तरह घिसट-घिसटकर सरकने लगा।

दोपहर मैं स्टेशन का आसपास घूमने निकला। खाना भी लाना था। कुछ आगे लम्बा पुल है जिसके एक ओर आधा किलोमीटर से भी अधिक लम्बा फल बाजार है। बीच-बीच में अन्य दुकानें भी हैं। बस चौराहे से चारों ओर के लिए बसें मिलती हैं। विज्ञापनों की यहाँ भी भरमार है...वाम सरकार के समय में भी बहुराष्ट्रीय

कम्पनियों के उत्साह और प्रचार में कोई कमी दिखाई नहीं दी। आदमी द्वारा खींचे जानेवाले रिक्शे भी इधर काफी संख्या में है। सरकार इन्हें बन्द नहीं करा सकी है या शायद विवशता इन्हें बाँधे है। आदमी ढोते हुए दौड़ना...उफ्! पशुवत्! जीवन जीने की जाने क्या-क्या मजबूरियाँ हों इनकी...पेट की आग तो है ही। मैंने फल लिये थे, पुल के नीचे एक फुटपाथी होटल पर खूब गहमागहमी दिखी। यहाँ परांठे मिलते हैं, चार रुपये में एक सब्जी, चटनी साथ में। मैंने पन्द्रह पराठे पैक करवा लिये।

रात यह भी हुआ कि जो तीर्थयात्री दल हमारी पड़ोस में था, उनमें से हमारी ओर एक दम्पती बैठ गया था। थोड़ा-सा स्थान खाली था, मैंने बैठ जाने दिया। अपने बैग-थैले हम सिरहाने जंजीर से बाँधकर रखते थे क्योंकि हर पुलिसवाला आते-जाते सावधान करता, 'जागते रहना, यहाँ चोर बहुत हैं।' उस यात्री दल को रात की कोई गाड़ी पकड़नी थी। उनके जाते समय भी मैं जाग रहा था पर उधर से करवट लिये हुए। झपकी के बाद जागा तो जूते नदारद। नये न थे पर थे तो! अब चप्पल या जूती कुछ पहनना होगी। दस बजे बाजार खुलते ही पहन आया। इन दुकानों पर मोल-भाव बहुत है, जो मूल्य माँगा जाता है उससे आधे में ले लो। मेरे चित्त पर प्रातः का एक दृश्य ठहर कर रह गया है। सियालदह गरीबों, कामगारों का स्टेशन है। यहाँ चार बजे से पूर्व ही सुबह हो जाती है अर्थात् पहली लोकल छूटने से पहले। दौड़ते, हाँफते, भागते लोग...जाने क्या-क्या बोझ सिर, पीठ, कन्धों पर लादे हुए। स्त्री, बच्चे, जवान, बूढ़े।

एक क्रन्दन सुनकर मैं बैठ गया था। क्षण भर को तो कुछ समझ न आया पर भागती भीड़ में एक व्यक्ति फिसलकर गिरा और माथा ठोकती औरत की ओर आग्नेय नेत्रों से देखने लगा था। कन्धे से कन्धा घिसती दौड़ के बीच एक पतली-सी फाँक खिंच आयी थी। स्त्री अत्यन्त वेदना में विलाप करती अपने ईश्वर को स्मरण कर रही थी—'ओ मेरे मौला...ओ बाबा! उसके घर में आग लगे...मरी फैल जाए।...हाय अब क्या करूँ?' हमसे कुछ ही दूरी पर एक झावा गिर पड़ा था, जिसके अधखुले मुँह से अंडे दिखाई दे रहे थे। पचासों अंडे फर्श पर लुढ़कते हुए भीड़ के पाँवो के नीचे कुचले जा रहे थे। फूटे, कुचले अंडों से बहते पीले द्रव की एक धार-सी बन रही थी। वह रोती हुई स्त्री कहीं से अंडे सिर पर लादे कहीं बेचने या देने जा रही होगी। किसी का धक्का लगने से झाबा गिरा होगा और जाने कितने दिन की मजदूरी फर्श पर कुचल गयी। दस-बीस अंडे मैंने भी झाबे की ओर सकेले। किसी को कोई फुरसत नहीं...सबको अपनी ट्रेन पकड़ना है...जाने किस-किसको जाने कहाँ-कहाँ पहुँचना है? यह औरत बिहार से आयी लगती थी क्योंकि उसका विलाप और शाप दोनों ही शायद भोजपुरी या मैथिली में थे। पेट पालने आयी होगी इस महानगर में।

अखबार से पूर्व मुख्यमन्त्री कामरेड ज्योति बसु के दिवंगत होने की खबर मिल गयी थी। कोलकाता राजनीतिक दृष्टि से खूब समृद्ध, सक्रिय, संवेदनशील शहर है...भावुक भी। मुझे भय है कि कहीं शोक में हावड़ा तक पहुँचने के साधन-बस, टैक्सी आदि बन्द न हो जाएँ।

यूँ प्रधानमन्त्री के आने पर यहाँ भी रास्ते जाम रहे और लोग परेशान। एक दिन पहले की ही तो बात है। धर्मतल्ला मैदान में रेल मन्त्री ममता बनर्जी की सभा थी...अर्थात् वह यहीं थीं पर प्रधानमन्त्री की आगवानी को न हवाई अड्डे पहुँचीं, न उनके किसी कार्यक्रम में शामिल हुईं। कारण? प्रधानमन्त्री के संग मुख्यमन्त्री बुद्धदेव भट्टाचार्य जो थे। तो मैं यहाँ की राजनीति का मिजाज नहीं जानता, फँस गये तो गाड़ी निकल जाएगी।

हमने अपना सामान बाँधा, उठाया और स्टेशन से बाहर निकल हावड़ा पहुँचनेवाली बस पकड़ ली। एक बजे मध्याह्न हमने हावड़ा स्टेशन पर पहुँचकर अपना कम्बल बिछा लिया है। हावड़ा भव्य, भद्र उच्चस्तरीय स्टेशन है। यहाँ गरीब तो दिखते हैं, गरीबी नहीं दिखती। सायं 5:45 पर हमारी गाड़ी छूटेगी।

कनाडा यात्रा उर्फ अवार्ड और कठिन डगर पनघट की

युवा कथाकार/कवि पंकज सुबीर का फोन था—'दादा! आपके उपन्यास 'कामिनी काय कान्तारे' को एक जगह भेजने की अनुमति चाहता हूँ। कुछ लेखक मित्रों से चर्चा में यह पता लगा कि पिछले पाँच-सात वर्षों में ऐसा उपन्यास सामने नहीं आया है। मैंने भी पढ़ा और लगा कि इसे भेजा जाना चाहिए।'

मैं समझ गया कि किसी पुरस्कार/सम्मान का कोई सिलसिला है...मैंने हाँ कह दी। उतनी लालसा तो सन्त तुलसीदास ने भी स्वीकार की है—'कोउ भलु कहहि देहि कछु, यह लालसा न उर तें जाई।' साहित्य, सांस्कृतिक सम्मानों में भलु-भलु तो कहा ही जाता है, श्रद्धा और शक्ति के अनुसार राशि भी भेंट होती है...अपने जैसों का खाना-खर्च तो दक्षिणा के ही भरोसे है।

कुछ दिनों बाद पंकज का दूसरा फोन था—'दादा! उपन्यास की दो प्रतियाँ और चाहिए...दूसरे पड़ाव के लिए भेजना है। मैंने पूछा—भैया ये तो बता दो कि कहाँ भेज रहे हो?' उधर से कहा गया—'अभी नहीं बताऊँगा, बस दो प्रतियाँ और चाहिए।' मैंने उन्हें प्रकाशक से सम्पर्क करने को कहा कि मैं फोन किए देता हूँ, वह तुम्हारे पते पर भेज देंगे।

पन्द्रह दिन बाद पंकज का फोन मिला कि—'किताबें अभी तक नहीं आईं। दो बार एस.एम.एस. कर चुका हूँ। आपके प्रकाशक से हाँ या ना, कोई उत्तर ही नहीं है। प्रकाशक अगर लेखक भी हो तो 'गिलोय और नीमचढ़ी' वाला मसला हो जाता है—मैंने अपने पास की प्रति तथा एक मित्र से लेकर दो प्रतियाँ भेज दी...एक पंकज सुबीर के पास थी ही, जिसे वह पहले ही भेज चुके थे।

यह तो रही भूमिका और अप्रैल में अर्थात् कोई दो महीने बाद बधाई के साथ मुझ पर सूचना आ गयी कि उपन्यास 'कामिनी काय कान्तारे' को 'ढींगरा फेमिली फाउंडेशन व हिन्दी चेतना' अन्तर्राष्ट्रीय कथा अवार्ड के लिए चुना गया है। यह पहला सम्मान समारोह अमेरिका की जगह कनाडा में आयोजित होगा। समग्र साहित्यिक अवदान के लिए त्रिनिडाड (उत्तर अमेरिका) निवासी प्रोफेसर हरिशंकर

आदेश तथा कहानी के लिए सुदर्शन प्रियदर्शिनी (अमेरिका) को चुना गया। कुछ दिनों बाद कार्यक्रम की तिथि भी आ गयी कि टोरंटो के निकट स्कारबरो नगर के काउंसिल चैम्बर्स स्थित सिविक सेंटर पर 26 जुलाई 2014 को आयोजन होगा।

अखबारों में खबर छपी तो बधाइयाँ आना शुरू हुईं—बहुत ही आत्मीय तो कुछ औपचारिक भी। प्रसिद्ध लेखकों के साथ जानीमानी हिन्दी पत्रिकाओं ने प्रसन्नता व्यक्त की। हमारा भोपाल अपने आप में मगन रहता है। ऐसे अवसरों पर खुशी जताने या बाँटने में वह बहुत किफ़ायती और सावधान है। वहाँ से भी मुझे तीन बधाईयाँ आ ही गयीं। पर इस खुशी में एक चिन्ता आ जुड़ी कि अभी तक पासपोर्ट ही नहीं बना था। मैं मन को यह सन्तोष देता रहता कि अपना देश ही इतना बड़ा और विविधताओं से भरा है...उसका भी आधे से अधिक अदेखा यो गैरघूमा है तो विदेश यात्रा का लालच क्यों किया जाये। इसी दाल के लिए रोटी नहीं पूरती है तो और दाल क्यों माँगी जाय? ये भी सुना कि पासपोर्ट बनवाना अब बड़े झंझट का काम है। पहले पासपोर्ट का काम हमारे जिला और सम्भागीय मुख्यालय ग्वालियर में होता था जिसे समेटकर भोपाल पहुँचा दिया था। केन्द्रीकृत विकेन्द्रीकरण की विलक्षण प्रविधि है यह। यद्यपि टेक्नोलॉजी ने कई चीजें आसान कर दी हैं पर भाषा है विदेशी। ऑनलाइन फार्म/आवेदन किया जा सकता है पर इस तकनीकी फार्म की पूर्ति के लिए औसत आदमी को एजेंट का सहारा लेना पड़ता है और एजेंट का धन्धा ही इस बात पर टिका है कि सम्बन्धित को सही जानकारी कम दे और छिपाये अधिक। जानकारी भी तब जब आप उसके ग्राहक बन जाएँ। मेरे परिवार में भतीजे का पासपोर्ट सिर्फ एक अक्षर की कमी या कहें कि वर्तनी-भेद के कारण ही एक बार निरस्त हुआ और दोबारा आवेदन करने पर चार माह अटका रहा। हमारे एक मित्र ने आवेदन किया था पर वह निराश हो घर ही बैठ गये। दो साल में उनका पासपोर्ट अब तक नहीं आया। भोपाल पासपोर्ट कार्यालय अपनी कार्य प्रणाली में बेहद खराब सुना जाता था। शिकायतें भी हुईं पर बाल की खाल निकालते हुए पासपोर्ट अटकाने की आदत न सुधरी। अब सुना गया कि यह काम किसी प्राइवेट कम्पनी को दे दिया गया है—इसलिए लेन देनवाली स्थिति नहीं है।

मेरे लिए ग्वालियर का ही एक एजेंट खोजा गया। पता चला कि 90 दिन में साधारण पासपोर्ट बनता है, एजेंट ने कहा कि वह 60 दिन में बनवाकर देता है। उसके बाद कनाडा के वीजा का सवाल था। एजेंट ने इसके लिए भी छाती ठोंक दी 15 दिन में बनवाने की गारंटी। एक तत्कालवाला पासपोर्ट भी बनता है जिसमें एक विशेष फार्म पर तहसीलदार, कलेक्टर, ए.डी.एम. या सक्षम/निर्धारित पुलिस अधिकारी की ओर से पासपोर्ट आवेदक की वांछित जानकारी होती है—नाम, पता, शिक्षा, चरित्र आदि-आदि। एक सामान्य आदमी इसे बनवा नहीं सकता क्योंकि वह

तहसीलदार को आवेदन करेगा। तहसीलदार उसकी जाँच करवाकर जानकारी लेगा इसमें 10 से 15 दिन लगना व तहसील के दसियों चक्कर लाजिमी हैं। तहसीलदार, पुलिस अफसरों से मेरा ही परिचय नहीं (वह भी इतना कि वह आपकी जिम्मेदारी लेते हुए प्रमाणित कर सकें) तो गाँव के किसान अथवा शहर के आम आदमी का तो कहना ही क्या।

संयोग से इन्हीं दिनों प्रसिद्ध कथाकार तरुण भटनागर का तबादला अपर कलेक्टर ग्वालियर के पद पर हुआ था। मैंने एजेंट द्वारा मुहैया करवाए गये फार्म के आधार पर 'एनेक्सर 'एफ', स्पेसीमेन वैरीफिकेशन (फॉर पासपोर्ट तत्काल ऑन्ली)' टाइप करवाये तथा अपने फोटो और शैक्षणिक योग्यता, निवास, राशनकार्ड के पत्रकों के साथ तरुण भटनागर के दफ्तर पहुँच गया। तरुण बहुत व्यस्त थे...मुझे बुलवाया। चाय कॉफी के बीच मैंने पहुँचने की वजह बताई। उन्होंने अपने स्टेनो को बुलाया जिसने बताया कि वह फार्म ए.डी.एम. के व्यक्तिगत लेटर हैड पर बनता है...यह नहीं चलता। पर मुझे जल्दी थी अतः कहा—भाई! आप तो इस पर सील सिक्का लगाकर हस्ताक्षर कर दीजिए। लैटर हैड महत्त्वपूर्ण है या हस्ताक्षर? खैर! हस्ताक्षर हो गये। मैं घर आया...। एजेंट को बुलाकर एनेक्सर 'एफ' बताया तो वह बोला कि—'बुरा न मानें, किसी ने आपको यह फर्जी पकड़ा दिया है।'

मैंने बताया कि अपर कलेक्टर मेरे मित्र हैं...उनके आफिस में सील लगी है...मेरे फोटो और इस फार्म पर मेरे सामने दस्तख़त किये हैं उन्होंने।'

पर उस एजेंट को विश्वास न था—'अरे साब! सरकारी लैटर हैड होता है वह। शासन के चिह्नवाला...ये फर्जी है। मैंने आपको जो फार्म दिया था उस पर है ना शासन चिह्न।

पर मैं उखड़ गया। चार दिन इसमें निकल गये थे। दूसरा एजेंट तलाशा गया। वह और ऊँचा निकला। इस तरह बात करने लगा जैसे पूरे ग्वालियर के लिए पासपोर्ट बनवाने की जिम्मेदारी के बोझ से उसके कन्धे झुके जा रहे हैं—'कहाँ जाना है...क्यों जाना है...आजकल कठिन हो गया है पासपोर्ट बनना। जब से आतंकी पकड़े गये है... वो फर्जी पासपोर्ट वगैरा...। तत्काल और कठिन...फिर भी...आठ हज़ार जमा कीजिए और कलेक्टर या एस.पी. का वैरीफिकेशन चाहिए।'

'फीस तो साढ़े तीन हज़ार है'...

'हाँ, पर ऊपर कहाँ कहाँ क्या होना है आप नहीं जानते।'

'क्या होना है?'

'आपको इससे क्या लेना-देना। सब आप ही जान लेंगे तो हमारी क्या जरूरत? आप तो कागज और पैसे ले आइये।'

मैंने लौटकर फिर से पहलेवाला एजेंट बुलाया। वह थोड़ा-सा मेरे भतीजे से

परिचित और दबाव में था। उसने फिर कहा कि तत्काल के लिए वैरीफिकेशन शासकीय चिह्नवाले पैड पर चाहिए। ए.डी.एम. के स्टेनो ने भी यही कहा था।...अब मैं फिर तरुण भटनागर के पीछे था। संकोच भी था...पर विवशता थी। आठ दस दिन और लग गये क्योंकि मैं चाहता था कि दुबारा उन्हें परेशान न करूँ। बताया गया कि कोतवाली का टाउन इंस्पैक्टर भी वैरीफिकेशन के लिए अधिकृत है...उसने लड़के से हाँ भी कर दी थी पर मैं दो-दो घंटे कोतवाली में बैठा पर टी.आई. से भेंट न हुई। एक बार वह ऑफिस में थे पर एक नेता की चोरी के केस में बयान लेने में उलझे रहे। ड्यूटी सिपाही ने बिना अनुमति घुसने ही न दिया। नेता/नेत्री भीतर थे...सुना कि मामला कोई 15-20 लाख के आसपास का है। अन्ततः मुझे तरुण भटनागर से ही पुनः सम्पर्क करना पड़ा पर तब तक उनकी चुनावी व्यस्तता आरम्भ हो गयी। जो हो उनका स्टेनो मुझे पहचान गया था कि साहब के मित्र हैं सो उसने मिलवाया। मुझ धोती छाप को तो यहाँ भी द्वारपाल घंटे भर अटकाये रहा। खैर! स्टेनो ने कायदेवाला वैरीफिकेशन बनाया। मैं चौड़ी छाती करके कलेक्टर कार्यालय से नीचे उतरा। शाम को एजेंट को बुलवाया—उसे चाहे अनुसार जानकारी सौंपी उसने 3500/- शुल्क के साथ आवेदन प्लस एक और प्लस तथा अपने मेहनताना जोड़कर पाँच हज़ार रुपये माँगे। मैंने दे दिये...दूसरा तो आठ हज़ार माँग रहा था। मैं जल्दी में भी था...।

एक बताई गयी तारीख पर भोपाल पहुँचा तो वहाँ के प्रमुख एजेंट (ग्वालियर का एजेंट वहीं से जुड़ा था) ने बताया कि आपका तत्कालवाला आवेदन नहीं लग सकता क्योंकि आपके शैक्षणिक प्रमाण-पत्रों में महेश कुमार कटारे नाम है तथा पता व अन्य परिचय-पत्र में महेश कटारे के नाम से है। उसने समाचार पत्रों में विज्ञापन निकलवाया था कि मेरा नाम महेश कटारे ही मान्य किया जाये। अपने एजेन्सी कार्यालय से उसने आवेदन फार्म व अखबार मुझे सौंप एक लड़का साथ भेज दिया कि वह आवेदन जमा करवा देगा। ऑफिस पहुँचा तो खिड़की पर वही 'कुमार' वाली समस्या थी। खिड़कीवाले ने मार्गदर्शन के लिए अपने अधिकारी के पास भेजा। वहाँ भी लाइन लगी थी...कोई घंटे भर में अधिकारी तक पहुँचना हुआ। उन्होंने कागज-पत्र देखे...कुछ पूछताछ की और आवेदन-पत्र पर लिख दिया- 'कंसीडरेबल'। अब फिर उसी खिड़की से गुजरना हुआ।...फिर एक केबिन जिसमें फोटो खिंचा, फिंगर प्रिंट हुए, जानकारी का मिलान हुआ। एक और केबिन जहाँ पुनर्परीक्षण कर शुल्क जमा हुई—सामान्य आवेदन की एक हज़ार पाँच सौ। मतलब वही ढाक के तीन पात जिसमें पन्द्रह दिन (तत्काल) ही जगह तीन महीने में पासपोर्ट बनने की अवधि है।...तब तक तो कनाडा में कार्यक्रम की तिथि ही बीत जायेगी। निर्धारित अवधि से पूर्व आप कोर्ट का दरवाजा भी नहीं खटखटा सकते। तत्काल सम्बन्धी जिस वैरीफिकेशन के लिए सिर पटकता घूमा था वह आवेदन से

अलग हटा दिया गया था।...उसका औचित्य ही शेष न रहा। अब आवेदन (या उसका कोई भाग ग्वालियर पुलिस के पासपोर्ट सेल भेजा जाएगा...वहाँ से फाइल सम्बन्धि थाने जायेगी। सम्बन्धित थाना किसी दरोगा या दीवान को फाइल सौंपकर चरित्र आदि का वैरीफिकेशन करेगा। थाने में रिपोर्ट सौंपेगा। उस पर कोतवाल के हस्ताक्षर होंगे...। रिपोर्ट पासपोर्ट सेल पहुँचेगी। पासपोर्ट सेल अपनी रिपोर्ट पासपोर्ट कार्यालय भेजेगा तब पासपोर्ट छपेगा। इस तरह ऊँट की पूँछ से ऊँट जुड़ा है...बीच में किसी ऊँट की करवट अनुकूल न रहे तो पूरी यात्रा ही खत्म हो गयी मानो। भोपाल ऑफिस का पूरा काम एक ही दिन या कहूँ कि मात्र ढाई घंटे में निपट गया। कम्प्यूटराइज्ड हो गया है अब। फाइल जमा हो गयी...रसीद मिल गयी तथा दो दिन में ही सन्देश भी मिल गया कि प्रकरण पुलिस वैरीफिकेशन हेतु ग्वालियर भेज दिया है। चूँकि एक-एक दिन हाथ से रेत की तरह सरक रहा था...सो हर पड़ाव पर से फाइल स्वयं ही आगे बढ़वानी थी। थाने में पासपोर्ट के प्रकरण सँहालने वाले रवीन्द्र जी से सम्पर्क किया तो लगा कि पूरे थाने की जिम्मेदारी इन्हीं पर है या टाउन इंस्पैक्टर पर; शेष अमला तो बस वेतन लेते हुए समय बिताता है। उन्होंने कहा कि-'एस.पी. से आएगी तो हम अपने आप ही फोन करेंगे, अभी वहीं देखिए!'

बेटा छोटा मोटा नेता है सत्तारूढ़ दल से; पर नेतागिरी वहाँ सफल होती है जहाँ पाँव मजबूत हों। यहाँ से महीनों टाल सकते हैं। आप शिकायत करिये! रवीन्द्र जी कह रहे थे कि—'दो सौ से ऊपर के पासपोर्ट केस पहले से पड़े हैं। जिसे देखो वो विदेश जाना चाहता है।' अर्थ तो ध्वनि से यही था कि दो सौ एक वें आपको भी निपटाएँगे।'

एक कांस्टेबिल को समझाना बेकार था और वह ऐसी स्थिति में अधिक सहायक भी नहीं हो सकता था। हम सदर कोतवाली स्थित पासपोर्ट सेल पहुँचे तो पता लगा कि सम्बन्धित 'जी' साहब के पास गये हैं।

'कब तक लौटेंगे?'

'क्या पता! कहो, नीचे ही आ पहुँचे हों... या पाँच बजे तक आ पाएँ। आप तो कल ग्यारह बजे आ जाएँ।'

दूसरे दिन पहुँचे। सम्बन्धित जी मिल गये। मैंने अपनी लेखकीय गरिमा फैलने, बिखरने न दी और बिना पूछे ही सामने की कुर्सी पर बैठ गया। बेटे ने बात की। उन्होंने रजिस्टर देखकर बताया—'हाँ जानकारी के लिए फाइल आई है।'

'तो अब?'—बेटे ने पूछा।

'थाने भेजना है...भेज देंगे...।'

'हमें जरा जल्दी है...।'—बेटे ने बताया।

'ठीक है जल्दी भेज देंगे।'—उनके बड़े सुलझे सकारात्मक उत्तर थे।

'भोपाल जरा जल्दी पहुँच ले तो...।'

'थाने से आ जाये। हम तो तुरन्त भेज देंगे।'

बेटा समझ गया कि यहाँ दो बार देना-पावना है। 'तो आप अपनी सेवा बताएँ।'

बेटे ने खुशी-खुशी अनुमान से कुछ कम कर दिया पर उन्होंने सहज स्वीकार किया। शायद वह व्यवस्था के एक भले पुर्जे हैं। बोले—'आज ही थाने पहुँचवा दूँगा। वहाँ आप देख लें।' उनके प्रति कृतज्ञता ज्ञापित कर हम लौटे और दो दिन बाद थाना टटोला। आश्चर्य कि दिन में दो बार थाने पहुँचे पर रवीन्द्र जी से भेंट नहीं हुई। किस्सा कोताह रवीन्द्र जी ने दीवान जी को वैरीफिकेशन के लिए आर्डर लिख लिया पर उस पर कोतवाल साहब के हस्ताक्षर नहीं हो पा रहे थे। चार-पाँच दिन हस्ताक्षर की प्रतीक्षा खा गयी। अब अमुक-तमुक दीवान जी कर्त्ता-धर्त्ता थे। हमारे एक परिचित मित्र कहते हैं—'भाई साब! मैं आपका अपना हूँ आपका कोई काम मुझसे निकले तो मैं तुरन्त कर दूँगा।...करूँगा ही; पर आपको लगेगा—अरे! बड़ा आसान काम था...जरा सा। अब मैं यदि उसी काम के लिए दस चक्कर लगवाऊँ...तो आप तंग आकर कहेंगे कि भाई! कहीं अगर कुछ...करना हो तो वह भी...। इसके बाद मैं अपनी विवशता, व्यवस्था और ज़माने को गरियाते हुए रिश्वत के साथ आपका काम निपटा दूँ तो आप साधारण से काम को भी बड़ा मानेंगे तथा ऊपर से काम करनवालेवाले का अहसान भी मानेंगे। यही है आजकल की फितरत। ईमानदारी से काम करो तो लोग चूतिया कहने लगते हैं।

हमारे यहाँ हरेक थाने में हनुमान जी का छोटा सा मन्दिर अवश्य होता है। इसलिए कि वह बल बुद्धि के निधान हैं। उन्होंने सीता जी को खोज निकाला था। बाबा लोग कहते हैं कि बजरंग बली राम जी के कोतवाल हैं। मैंने कहीं नहीं पढ़ा कि हनुमान जी ने किसी से कभी रिश्वत ली हो। उनका प्रसाद ही चना और गुड़ है। अपने थानों में रिश्वतखोरी पुलिस की विवशता है। कभी सिपाही को सायकल मयस्सर न होती थी अब दहेज में बीबी के साथ मोटर सायकल लाजिमी है। अपनी तनख्वाह में से पेट्रोल भरवाना पड़े तो लानत है ऐसी 'सर्विस' पर। जिन दीवान जी को वैरीफिकेशन के लिए नियत किया गया वह ठाकुर हैं। उन्होनें स्वयं ही बताया कि ब्राह्मण तो पूज्य हैं उनके। हाँ घोड़ा घास न खाये तो क्या करे? अत: ब्राह्मण से दक्षिणा लेने में धर्म आड़े नहीं आता। यह दक्षिणा भी चार वर्दियों में बँटनी है।

थाने तक वैरीफिकेशन जमा करने में पाँच दिन इन्होंने भी लगा दिये। इसके पश्चात् रवीन्द्र जी ने बुलवाया। मेरे बयान लिए—'कोई रिपोर्ट आपके खिलाफ?...कहीं लड़ाई झगड़ा? खैर रुटीन प्रश्न थे, रुटीन उत्तर। दीवान जी अपने हिस्से का धर्म निभा चुके थे इसलिए दो स्थानों पर हस्ताक्षर करवाकर रवीन्द्र जी ने रुख़सत कर

दिया। इसके बाद भी आठ दिन और लग गये। टी.आई. साब् छुट्टी पर चले गये और लौटने के बाद भी तीन दिन सिर्फ जरूरी फाइलों, कागजों पर हस्ताक्षर किए। पासपोर्टवाला गट्ठर वह बिना हस्ताक्षर किये लौटा देते। फिर मेरा पुत्र ही एक अन्य साथी के साथ उनके कार्यालय में जमकर बैठ गया तब उन्होंने फाइल मँगा हस्ताक्षर किए। यह 7 मई 2014 का दिन था। 8 मई को लड़का पासपोर्ट सेल गया तो बताया गया कि रिपोर्ट आ गयी है। हमने फीड कर दी है। जैसे ही भोपाल पासपोर्ट कार्यालय से माँगी जाएगी, हम भेज देंगे।

बेटे ने कहा कि—'आप अपनी ओर से ही भेज दो' तो उत्तर पाया कि—'जब तक वो माँगेंगे नहीं, हमारी भेजी जानकारी उनका कम्प्यूटर एक्सेप्ट ही नहीं करेगा।'

इसका एक ही तकनीकी समाधान बचा कि मैं पासपोर्ट कार्यालय भोपाल जाकर उनसे जानकारी मँगवाने का रास्ता बनाऊँ। शनि, रवि का कार्यालयीन अवकाश पड़ गया, इसलिए रवि को भोपाल निकलने का निश्चय किया। दो दिन और बीते। रेलवे में इन दिनों रिजर्वेशन पाना आकाशकुसम है—किसी श्रेणी में कोई सीट खाली नहीं पर पासपोर्ट हो तभी तो वीजा की लाइन पकड़ी जाये। समय कहाँ है? रविवार को 11 मई और सोमवार को 12 मई के दिन लोकसभा चुनाव का अन्तिम दौर। खाते-पीते लोगों के लिए यह लड़ाई पर मुखयुद्ध व बाँद्दा-बहस का भी दिन था। संशय के साथ लग यही रहा था कि सभी भारतीय भाषाओं से अनभिज्ञ अथवा उन्हें अयोग्य मानकर प्रभु-भाषा अँग्रेजी में भारतीय प्रधानमन्त्री पद की शपथ लेनेवाले मनमोहन सिंह जी के दिन अब पूरे हो रहे है। अँग्रेजी बोलते आये हैं, अँग्रेजी बोलते जाएँगे। प्रधानमन्त्रित्व वाले अन्तिम दिन उन्होंने अपने कार्यालय के किरानियों (नौकरशाहों, क्लर्कों) से कहा भी था—'गॉड ब्लैस यू'। प्रकारान्तर से अर्थ यही निकला कि अँग्रेजी (गुलामी) का ध्वज थामे रहो। ये तो देश की बात रही पर मुझे इस समय गद्दी किसकी होगी?...से अधिक महत्त्वपूर्ण लग रहा था कि पासपोर्ट जल्दी से जल्दी कैसे हाथ में आए?

भोपाल पहुँचना था। मन्त्री, विधायक, सांसद, नौकरशाह के लिए रेलवे में भी कोटे की सुविधा है पर लेखक, कलाकार को सरकारी सुविधा क्यों दी जाये?...फिर कोई पैमाना भी हो कि अमुक लेखक/कलाकार है। किसी ज़माने में राजनीतिज्ञ पढ़ने, लिखनेवाले और पढ़े-लिखे होते थे पर अब तो धरा उठाईवाला दौर है, किताबों में दिमाग़ कौन खपाऐ? हाँ इनमें कुछ समझदार किस्म के लोग लेखक का आदर-बादर कर लेते हैं पर ऑफिस की कुर्सी पर बैठा कोई भी व्यक्ति अपने आपको आपसे अधिक जानकार, समझदार सिद्ध करते हुए नियमों की व्याख्या में महारथी बन सकता है क्योंकि नोट-शीट उसे चलानी है तो आप उसकी ताईद करते हुए 'हें हें' ही तो कर सकते हैं। आप में या आपके पीछे कोई फोर्स दिखेगा तो

कुर्सीवाला यूँ ही आपके अनुकूल नियम निकाल लेगा। पुलिस के कुछ लेखक-अधिकारी मेरे परिचित या मित्र जैसे हैं। लेखक होने के चलते वे कुछ अधिक संवेदनशील व अपेक्षाकृत ईमानदार भी हैं पर एक क्लर्क, कांस्टेबिल, हैड कांस्टेबिल को या दरोगा को भी पढ़ने-लिखने की समझदारी से कोई वास्ता नहीं रहता। यद्यपि मेरे प्रिय कथाकार सत्यनारायण पटेल एक कांस्टेबिल ही हैं और देवेन्द्र की एक प्रसिद्ध कहानी है—'शहर कोतवाल की कविता'।...पुलिसवालों की अपनी त्रासदी है कि उनकी नौकरी गालियों, के साथ चलती है—सुनो! और दूसरे को सुनाओ। गाली और जीवन के बीच बस थाने में बिठाए गये हनुमान जी से ही कुछ राहत मिलती है।...तो ग्वालियर पुलिस के पासपोर्ट सेल द्वारा किसी गेंद की तरह 'पास' किया गया मैं सामान्य टिकिट के साथ एक टाँग पर यात्रा करते हुए भोपाल पहुँचा। पंकज सुबीर ने कहा था कि वह सोमवार को दोपहर 12:30 बजे सीहोर से भोपाल पहुँच जाएँगे। फिर मिलेंगे पासपोर्ट कार्यालय में किसी से कि—ग्वालियर में तैयार रखी पुलिस वैरीफिकेशन मँगाई जाय। रात को भोपाल पहुँचा। जिस सस्ते लॉज में मैं ठहर लेता हूँ उसका किराया भी गत पाँच वर्षों में दोगुना हुआ। 10 प्रतिशत सेवाकर की सूचना अलग से काउंटर पर टँगी है। रात के लिए भोजन घर से बाँधकर चला था। इस प्रकार 80 रुपये से लगाकर 120 रुपये वाली भोजन की थाली पर खर्च बचाया। शिवकुमार 'शिव' का उपन्यास 'महुआ घटवारिन' पढ़ता रहा नींद आने तक। लॉज के इस कमरे में कूलर नहीं है अतः सिर्फ कच्छा पहने रहकर शेष वस्त्र त्यागने पड़े। पंखे की हवा ठंडी तो नहीं पर उतनी गरम भी नहीं थी। इधर-उधर किनारे काटती नींद को आना ही पड़ा।

प्रातः चाय स्नान आदि के पश्चात् पंकज सुबीर को फोन मिलाया। नेटवर्क बार-बार फेल हो रहा था। मैं घर से दो-तीन दिन की सोचकर चला था कि टोह लेने और कार्यवाही बढ़वाने में इतना समय तो लग ही जायेगा। पंकज का फोन आया कि पहले एजेन्सी से जानकारी लें। मैंने 10:30 बजे कमरा छोड़ दिया क्योंकि कथाकार मुकेश वर्मा ने एक रेस्टहाऊस में रुकने की व्यवस्था करवा दी थी। सरकारी रेस्टहाऊस सस्ता व सुविधाजनक होता मेरे लिए। 11:30 बजे एजेंसी (ट्रेवल) के दफ्तर पहुँचा। उसने इंटरनेट पर स्टेटस देखकर बताया कि पुलिस रिपोर्ट प्रतीक्षित है। मैंने कहा कि—'यहाँ से माँगी जाएगी तभी तो भेजेंगे। आपने एजेंट की फीस ली है इसलिए यहाँ से माँग भिजवाये।'

एजेंट अरविन्द गौड ने बताया—'ऐसा नहीं होता। ये क्यों माँगेंगे? भेजना पुलिस की जिम्मेदारी है और भिजवाना आपकी।'

'मेरे पास ए.डी.एम. का वैरीफिकेशन है।'—एजेंट को बताया।

वह बोला—'वो जनरल में नहीं, तत्काल में चलता है।'

'मैं पासपोर्ट ऑफिसर से मिलूँ तो?'

'क्यों समय बरबाद करते हैं, आप तो पुलिस से ओ.के. रिपोर्ट भिजवाइये।'

मैंने वहीं से बेटे को फोन किया कि पासपोर्ट सेल से रिपोर्ट भिजवाओ। वह पौन घंटे में ग्वालियर के सेल में पहुँच गया। सम्बन्धित पुलिस कर्मचारी से बात कराई जिनकी सेवा हो चुकी थी। मैंने उन्हें कहा—मैं पासपोर्ट दफ्तर में ही बैठा हूँ। इनका कहना है कि हम रिपोर्ट की माँग एक बार करते हैं...अब पुलिस का दायित्व है कि वह भेजे—हाँ या ना।'

फिर बेटे से बातें हुईं कि यह कह रहे हैं कि घंटे भर में भेज देंगे। यूँ मैंने झूठ बोला था। ट्रेवल एजेन्सी में बैठ पासपोर्ट कार्यालय में होना कहा था। शायद झूठ काम कर गया। मैं एजेंसी की दुकान से नीचे उतरा और अपना ठिकाना (कथित) रेस्ट हाऊस तलाशा जो उसी क्षेत्र में स्थित था। वह न मिला। मैं ऊँची इमारतों के जंगल में सम्बन्धित रेस्ट हाऊस का साइन बोर्ड पढ़ता भटकता रहा। मुकेश वर्मा को फोन लगाया—एक बार...दो बार...तीसरी बारी। आवाज मिलती कि 'आउट ऑफ कवरेज या बन्द है।' पंकज के मोबाइल से भी कोई उत्तर नहीं मिल रहा था। एक सन्देश अवश्य मिला कि एक मीटिंग में हूँ। 2:30 बजे पासपोर्ट कार्यलय में ही मिलूँगा। भोपाल पहुँचने पर फोन करता हूँ।

3:30 बज गये पर पंकज का फोन न मिला। मेरे फोन का उत्तर भी नहीं। अब मैं खीझ उठा। ग्वालियर लौटने का मन हो आया कि रिपोर्ट नहीं आई तो यहाँ पड़े रहने से क्या फायदा? यहाँ तो रहने-खाने का खर्चा ही है। रिजर्वेशन लौटने का भी नहीं था। आते हुए भयानक भीड़ भुगती थी। शादियों और छुट्टियों का मौसम...रेलें, प्लेटफार्म यात्रियों से पटे पड़े थे। फिर सोचा कि और सहूँगा 6-7 घंटे की तकलीफ। रात को रुककर आराम भी कर लूँ तो भी सुबह यही मारामारी रहेगी। सोचता-सोचता स्टेशन की ओर जानेवाली बस में बैठ गया। बस चलने लगी तो पंकज का फोन मिला—'दादा! मीटिंग लम्बी खिंच गयी...जरूरी थी। अब चलूँ तो पहुँचते-पहुँचते साढ़े पाँच बज लेंगे तो दफ्तर बन्द होने का समय होगा। मैंने स्टेटस चैक कर लिया है उसमें रिपोर्ट अपेक्षित है। आप तो कल एस.पी. से मिलकर रिपोर्ट भिजवाइये।'

बस अगले चौराहे पर यात्रियों की प्रतीक्षा में खड़ी कर दी गयी तो मैं उससे उतरकर आगे ढरक रही बस में चढ़ लिया और स्टेशनवाले तिराहे पर उतरा। इस समय हैदराबाद की ओर से आनेवाली 'दक्षिण एक्सप्रेस' मिलने की सम्भावना थी। तीन घंटे के अन्तराल में दो गाड़ियाँ और भी हैं तो टिकिट की लाइन से जा जुड़ा। प्लेटफार्म पर पहुँचा तो आधे घंटे की देरी से चल रही ट्रेन आ चुकी थी। लपक कर एक डिब्बा पकड़ा...पर यह आधा डिब्बा था विकलांगोंवाला। और भीड़ विकलांग-

इकलांग का ध्यान दिये बगैर धँसी चली आ रही थी। मेरा दम घुटता-सा लगा तो जितना संघर्ष घुसने में किया था उससे दुगुना संघर्ष करते हुए डिब्बे से बाहर आया। अगले डिब्बे की ओर दौड़ा तो यह शयनयान था। अर्थात् सामान्य श्रेणी के सारे डिब्बे पीछे जुड़े हैं। भीड़ स्लीपर में भी भर रही थी। मैं पीछे की ओर भागा। पूरी ट्रेन और भीड़ भरा प्लेटफार्म—जैसे हहराती नदी को पार करना हो। इतना जरूर निश्चय कर लिया था कि ट्रेन चल पड़ी तो शयनयानवाले किसी भी डिब्बे में घुस लूँगा। ऐसे में यूँ भी टी.टी.ई. चैकिंग और हुज्जत नहीं करते। भीड़ से सभी डरते हैं;...सरकार तक। फिर भी यदि बला आ ही गयी तो जुर्माना भर दूँगा। इतना तो वैसे भी रात भर ठहरने का देना पड़ता।

पर देखिए कि ट्रेन का अन्त या छोर आ पहुँचा और वह अब तक खड़ी थी। पहला सामान्य डिब्बा ठसाठस बल्कि छलकता हुआ। दूसरे की हालत भी पहले जैसी...हाँ तीसरे में घुस, चढ़ने की गुंजाइश दिखी सो चढ़ लिया। हाँफते, आगे बढ़ते बैठने भर जगह आँखों से टटोलता जा रहा था। सामानवाली जगह पर भी चार-चार सवारियाँ जमी थीं। एक सीट दिखी जिस पर काफी तन्दुरुस्त से चार पुरुष थे। मैंने पूछा—'भाई! कोई आ रहा है क्या यहाँ?

पुरुषों ने एक-दूसरे की ओर देखा फिर एक बोला—'इनका कोई पानी-वानी लेने गया है, यूँ भी इस पर इतने ही मुश्किल से बन पा रहे हैं।'

मैंने वाणी में याचना और उम्र भरी—'आयेगा तो मैं खड़ा हो जाऊँगा'—कहते-कहते मैं बीच में धँस गया उन्होंने असुविधा, अनमनापन दिखाते जगहवाली फाँक थोड़ी चौड़ी की तो मैं अधटिका होकर बैठ लिया। इतना भी इन दिनों के माहौल में किसी नियामत से कम नहीं लगा। ट्रेन भी चलने लगी।

असुविधा थी तो भी सुख था...। इस बात का कि इतनी सुविधा की भी कहाँ उम्मीद रही थी। जितने लोग इस नाममात्र की सुविधा में थे उससे अधिक अगल-बगल खड़े, फर्श पर बैठे, लटके तथा अटके लोग थे। और तो, बच्चों की दुर्दशा देख मुँह फेरना पड़ता। बीना स्टेशन पर दिल्ली की ओर जानेवाले मजदूरों का रेला आया...स्त्री, पुरुष, बच्चे...कांय-कांय, गुर्रागुर्री, बदहवासी...बोरियों में भरे सामान की ठूँस पटक। डिब्बे में अफरातफरी और आक्रमण बचाव का दृश्य उपस्थित हो गया। ये मजदूर प्रायः एक ही या आस-पड़ौस के गाँवों के होते हैं...एक साथ एक ही डिब्बे में सफर करते हैं। अब टॉयलेट तक पहुँचना भी मुहाल हो गया। ऐसी स्थिति में एक ही तरीका अपनाया जा सकता है कि पानी कम से कम पिओ!...पर इस गर्मी और भभके का वातावरण शरीर में पानी की कमी से किसी दूसरी तरह की दुर्घटना का कारण बन सकता है। मैं अपने पानी का घूँट-घूँट उपयोग करता रहा। देह से चुआता पसीना पेशाबी तीव्रता कम करने अथवा अधिक न बढ़ने देने में सहायक

बना। झाँसी आने पर जिन दो चार को उतरना था उन्हें द्वार तक पहुँचने में पानीपत के युद्ध जैसी शक्ति और दाँवपेंच आजमाने पड़ गये। उधर जानेवालों से दुगुने आनेवाले थे। दृश्य लगभग भारतीय इतिहास का स्मरण दिलाता था। बीना पर आनेवालों से भीतरवाले टकराये थे, अबकी बार आ रहे लोगों से बीना में आये टकरा रहे थे क्योंकि बीनावाले अब डिब्बे का हिस्सा हो चुके थे।

आनेवाली भीड़ इसलिए भी अधिक हुई कि इस ट्रेन से पहले आनेवाली ट्रेन कहीं पीछे छूटी रह गयी थी। हमारी सामान्यवाली जनता को पीढ़ियों से यह सीख विरासत में मिली है कि जो सामने दिखाई दे, उसे लपक लो...आनेवाले समय में मिलनेवाले का क्या है कि आये न आये और आ भी पहुँचे तो जरूरी नहीं कि मिल ही जाये। हम आदतन कुछ मामलों में जाने क्यों संशय में रहते हैं और जल्दबाजी में। आगे की बस ठसाठस हो तो उसमें चढ़ ही लेंगे, भले खड़े-खड़े यात्रा करनी पड़े। पीछेवाली खाली बस के लिए न ठहरेंगे। वही संशय कि ये जाने कब चलेगी? घर पहुँचना है।...घर पहुँचकर भी भाई साहब को किसी राष्ट्रीय अभियान में नहीं जुटना—टी.वी. देखेंगे...ताश खेलेंगे या किसी ठलुआ ठिकाने पर पहुँच निन्दारस का स्वाद चटकारेंगे। ख़ैर, रेल-चरित्र का कितना बयान मुझ जैसा कर पा सकता है; भारतीय रेल की इस खूबी से कोई इंकार नहीं कर सकता कि यह धनवान श्री मन्त हो या भिखारी सबको अपने ठिकाने तक पहुँचाती जरूर है। मैं भी ठिकाने पर आ लगा और सुविधा के साथ। सुविधा यों कि मेरे एक पुराने गाँधीवादी शिक्षक कहते थे कि 'असन्तोष अपनी स्थिति पर नहीं, उसकी स्थिति पर प्रकट करो जो तुमसे अधिक कठिनाई में जी रहा है।'

यह किसी कथित महापुरुष का नहीं मेरे एक साधारण शिक्षक का कहना था। स्कूली जीवन में तो क्या समझ पाता? जवानी में भी अपनी स्थिति से ही अधिक असन्तुष्ट रहा। लेखन के कारण प्रगतिशील विचारधारा ने इसे सार्थकता की ओर मोड़ा तो समझ में आया कि 1950-60 के दशकवाले वह मास्टर साब सच के कितना निकट थे।

ट्रेन से उतरने के बाद मेरे लिए सबसे प्राथमिक सूची में था कि लघु संशय। शंका निवृत्ति के लिए निकटतर स्थान खोजूँ अथवा मूत्रालय तक पहुँचूँ। वैसे यह हमारे लोकतन्त्र की खूबी है कि थोड़ी-सी ओट लेकर या पाकर कहीं भी मूत लें। मैं घर राही समय के लगभग ही पहुँचा...यह गाड़ी मात्र 35 मिनिट लेट चल रही थी।

अगले ही दिन हम पुलिस अधीक्षक ग्वालियर के पासपोर्ट सेल पहुँचे। सूचना मिली कि कम्प्यूटर की किसी तकनीकी समस्या के चलते कल सूचना न जा सकी थी। आज घंटे भर में पहुँच जायेगी। आप 'स्टेटस' देख लेना। मैंने देखा कि कम्प्यूटर पर बैठे व्यक्ति के टेबिल पर फाइलों का ढेर है...उसमें ही कहीं मेरी भी

होगी। दूसरे दिन 14 मई को बुद्धपूर्णिमा का शासकीय अवकाश रहा। अत: 15 मई को दोपहर बाद 3 बजे स्टेटस मिला कि पुलिस वैरीफिकेशन पहुँच गया है और पासपोर्ट प्रिंटिंग प्रॉसीजर में हैं। इस हफ्ते काम का एक दिन बचा है—शुक्रवार...। शनि, रवि, अवकाश के हैं इसलिए प्रतीक्षा का समय टी.वी. पर लोकसभा परिणाम (16 मई) देखते, सुनते बिताया। सोमवार को 'स्टेटस' पूर्ववत था तो मंगल को भी वही। लगता था कि प्रतिदिन एक पंक्ति छापते या एक कॉलम भरते हैं। पहले दिन नाम...फिर पिता का नाम...जन्मतिथि...पते की एक-एक पंक्ति तथा वगैरा-वगैरा। 21 मई बुधवार को प्रात: 9 बजे मैं सोच रहा था..., सच तो यह है कि प्रतीक्षा में उकताते हुए कुछ सोच ही नहीं पा रहा था। पढ़ना-लिखना ठप हो चुका था—अखबार छोड़कर।...और वह भी पढ़ना क्या सिर मारना था। हाँ मोदी की जीत का मनोरंजन साथ-साथ चल रहा था... लगातार। विजय अप्रत्याशित, अभूतपूर्व रही। जीत के बाद मोदी चेहरा अत्यन्त गम्भीर हो गया था...। दो तीन कमरोंवाले छोटे से घर में प्लास्टिक की कुर्सी पर बैठा भारत का होनेवाला प्रधानमन्त्री (अब तक तय हो चुका था)...। बेटे को प्यार करती, नसीहत देती नब्बे वर्ष से ऊपर उम्रवाली माँ, जिसने अपना परिवार दूसरों के जूठे बर्तन माँजकर, घरों में पानी भर-भर पाला था। बलिहारी प्रजातन्त्र और आदमी के संघर्ष की कि जीवनयापन के लिए स्टेशन पर चाय बेचनेवाला लड़का आज विश्व के सबसे बड़े प्रजातन्त्र का प्रधानमन्त्री चुना जा चुका था। आश्चर्य यह भी था कि नरेन्द्र मोदी की बॉडी लैंग्वेज बदल गयी थी। प्रचार के दौरान भाषणों में मोदी की देह भाषा में मुझे दम्भ झलकता था। उनका बार-बार मैं, मैं...मैंने, मैंने, कहना खटकता था। आज उस चेहरे पर जिम्मेदारी की गहरी गम्भीरता आ बैठी थी।...वह तो था पर आज सायं 4 बजे तक भी पासपोर्ट की स्थिति जस की तस थी—'छपने के प्रक्रिया में।'

समय बिताने के लिए मोदी चरित का ही सहारा था। मीडिया मोदीमय हो रहा था। बतकही के लिए मैं कवि पवन करण के पास जा पहुँचा। वहीं हमारे पुराने मित्र एवं लेखकीय जमात में (नया ज्ञानोदय में छपकर) नये-नये शामिल हुए सुरेश तोमर तथा अपनी विलक्षण विट् के नुकीलेपन के लिए मित्रों में मशहूर अरविन्द भदौरिया भी थे। हमारे ये दोनों मित्र बिना किसी घोषणा और ठप्पे के किसी के भी बराबर धर्म निरपेक्ष हैं तथा बड़ी हद तक जातिनिरपेक्ष भी। आजकल तो देखा जा रहा है कि जाति की पूँछ पकड़कर चुनाव-वैतरणी पार करनेवाले ही धर्म-निरपेक्षता का ढोल ज्यादा पीटते दिखाई पड़ते हैं। ये दोनों बन्धु दलित व स्त्रीवादी न होकर भी दोनों के समर्थक हैं। हाँ तो यहीं पवन करण ने मुझे 'इन्दु शर्मा कथा सम्मान' के लिए बधाई दी। मेरे पास अब तक ऐसी कोई सूचना नहीं थी। पता लगा कि फेसबुक पर छह उपन्यासों के बीच से लाइक करने का आग्रह किया गया है—संयोजक श्री

तेजेन्द्र शर्मा द्वारा अतः कुछ लेखक अपने मित्रों को अभियान चलाकर उनकी किताब (उपन्यास) को अधिक से अधिक लाइक करने/करवाने के लिए फोन कर रहे हैं। पवन करण फेसबुक सम्पर्किया हैं...अन्तर प्रकारान्तर से पर्याप्त सक्रिय रहते हैं... उनके पास भी फोन आये हैं। तो उन्हीं लाइक किये जाने को जारी छह किताबों में एक मेरा उपन्यास 'कामिनी काय कान्तारे' भी था। मैंने वहीं पर सबको बता दिया था कि इसमें मेरा उपन्यास नहीं चुना जाऐगा क्योंकि यह तो प्रचारात्मक सम्पर्क और सम्बन्धों की प्रक्रिया है। मैं तो इसमें कहीं हूँ ही नहीं। तभी तो मुझे मालूम ही नहीं इस बारे में अब किसी को फोन करके अपना उपन्यास 'लाइक' करने के लिए आग्रह भी नहीं कर सकता। मुझे यह ओछापन लगता है। टी.वी. पर अवश्य ऐसे कुछ कार्यक्रम दिखाई दिये हैं जिसममें हा हू संगीत तथा कमर और छाती मटक्का नृत्य पर 'लाइक' की अपील करते युवक, युवती दिखते हैं। एक बिग बॉस भी है जिसमें पटकथा के अनुसार लड़ाई-झगड़े और गाली-गलौज के साथ खुल्लमखुल्ला इश्क होता है। पवन करण ने बताया कि मेरे उपन्यास को भी कई लोगों ने लाइक किया है। मेरा मन हुआ कि मुझे उन्हें धन्यवाद देना चाहिए पर कैसे दूँ? और जिन लोगों ने स्वतः ही उपन्यास पसन्द किया है वे लोग भी मुझसे धन्यवादी किस्म के सम्बन्धों की अपेक्षा न रखते होंगे। रात 9:52 बजे टी.वी. पर खबर चली कि बंगाल से दिल्ली तक भूकम्प हुआ है। खैर भू वैज्ञानिक इसके प्राकृतिक कारण बताएँगे। होंगे भी। वैज्ञानिकतावादी का अनुमान भी वैज्ञानिक माना जाता है। यूँ आज मोदी ने गुजरात के मुख्यमन्त्री पद से त्याग-पत्र दिया। ममता बनर्जी ने प्रधानमन्त्री शपथ समारोह में शामिल न होने का एँग्री लेडीवाला बयान जारी किया। अरविन्द केजरीवाल अदालती आदेश की अवमानना/अवहेलना कर जेल पहुँचे। (वह आम आदमी की तरह न प्रशासन का सामना करना चाहते हैं न न्यायपालिका का) सूबों के सूबेदार जो दिल्ली के शांहशाह की नकेल कसे रहते हैं, अब सुन्न हुए मैदान में घाव सहला रहे हैं। भाजपा के गर्व से नथुने फूल रहे हैं। दुनियाँ में इतना कुछ घट गया पर मेरे लिए पासपोर्ट का स्टेटस वहीं का वहीं है—'प्रिंटिंग प्रॉसेस में है।' 26 मई 2014 की शाम तक इंटरनेट कह रहा है—'प्रिन्टिंग इन प्रोग्रेस'। मैं इस शाम हताशा में अवसादग्रस्त हो स्वयं को ही समझाने का प्रयास कर रहा हूँ। सोचा जा सकता है कि 12 दिन तक यह प्रिंटिंग जारी क्यों है? फोन पर पासपोर्ट कार्यालय से कोई उत्तर नहीं मिलता...कोई उठाता ही नहीं है। जब मैं पढ़ा-लिखा होकर इन गलियों के रास्तों में भटक रहा हूँ तो सामान्य आदमी क्या करता होगा? एजेंट या दलालों की शरण लेनी ही होगी। दलालों का धन्धा ही कानूनी उलझाव या समझ न आनेवाले नियमों के कारण फलता-फूलता है। मुझे लगता है कि सरकार यदि ईमानदार है तो उसे प्रत्येक कार्यालय में 'सलाह और सहयोग' की खिड़की खोलना चाहिए और

वहाँ झुँझलाने वाले तथा खुद को खुदा माननेवाले उद्दंड कर्मचारी नहीं बल्कि सहयोगी स्वभाववाले बैठाने चाहिए।

30 मई की शाम घोर नाउम्मीदी में भी स्टेटस दिखवाया। लिखा था प्रिंट हो चुका है...पोस्ट किए जाने पर एस.एम.एस. से सूचना दी जावेगी। अगले दो दिन फिर शनि और रवि हैं। पर फिर भी अगले सप्ताह मिलने की उम्मीद बाँधी। हालाँकि भय था कि प्रिंटिंग की तरह पोस्टिंग भी दो-तीन सप्ताह न निगल ले। सोमवार की शाम अर्थात् 2 जून मैंने स्टेटस नहीं देखा...नये सिरे से निराश नहीं होना चाहता था...बस प्रतीक्षा कर रहा था। समय ज्यों-त्यों कट रहा था...पढ़ने में भी मन न लगता। घर से कुछ दूर सड़क किनारे शाम को आसपास के मुहल्लों से लोग ताश खेलने जुटते थे। समय को स्वाद के साथ कुतरने का ताश से बढ़कर कोई साधन नहीं। पिछले हफ्ते से मैं वहीं समय बिताने लगा था। वहीं पंकज का भी फोन मिला—'दादा! साइट पर आपका पासपोर्ट स्टेटस देखा...उसमें है कि प्रिंटेड...जल्दी ही वह आपको स्पीड पोस्ट से भेजा जायेगा। अब लगा कि 3-4 दिन में शायद आ जाये।...सात जून को विजयसिंह मीणा के कथा-संग्रह का जयपुर में लोकार्पण है। महीने भर पहले स्वीकृति दे चुका हूँ...पहुँचना ही पड़ेगा। महावीर जी से चरणसिंह पथिक, इन्दौर से सत्यनारायण पटेल, देवास से बहादुर पटेल व दिल्ली से कुछ लेखक, सम्पादक मित्र पहुँच रहे हैं। इससे पहले 5 जून को पासपोर्ट आ पहुँचा। अब वीजा के लिए पर्याप्त समय है...मैंने पंकज को सूचना दे दी।

जयपुर आना जाना हुआ भीषण गर्मी में 19 जून को लौटा तो हल्की सी लू लगने की अस्वस्थता लेकर। दो दिन पूरा आराम किया। वीजा के लिए पूरे परिवार की जानकारी लगानी है—उम्र से लेकर शिक्षा और नौकरी सहित।...पूरी चल अचल सम्पत्ति का ब्यौरा भी देना, लगाना है। आय के समस्त स्रोतों के बारे में बताना है। जिन कागजातों को 30 साल से स्मरण भी न किया था अब उन्हें ढूँढ़ना है। गनीमत यह कि अधिकांश कागज-पत्तर दो-तीन दिन की उठापटक में हाथ लग गये। मैं कागजों के प्रति उदासीन तो नहीं पर एक हद तक असावधान रहा हूँ। लिखा हुआ बड़े सँभालकर रख देता हूँ...भूल जाता हूँ। किताब कहीं रख दी, अब उसे खोज रहे हैं। किसी को दे दी और याद रखने का दृढ़ निश्चय पाल कहीं टाँक भी लिया पर ऐसी अधिकांश पुस्तकें लौट कर नहीं आईं। अपनी अंकसूचियाँ भी पासपोर्ट में जरूरत की सम्भावना के तहत खोजी-खँगाली थीं। तो सब कागज पत्तरों की तीन-तीन तक फोटो प्रतियाँ करवाईं और धागे में नत्थी किया।

आगे का वृत्तान्त : हुआ कुछ इस तरह

14 जून को पंकज का फोन था कि 17 तारीख को वीजा के लिए आवेदन करना है—दिल्ली पहुँचकर...फार्म उन्होंने डाउनलोड कर उपलब्ध कर लिया है कुछ जानकारी भी पूछकर भर ली। कम्प्यूटर तकनॉलॉजी में सिद्धहस्त हैं वह। मैंने एक रेलवे ट्रेवल एजेंट से सम्पर्क किया तो पता चला कि 16 जून की रात दिल्ली के लिए किसी गाड़ी में आरक्षण की कोई सीट नहीं। हिदायत यह थी कि 17 जून की सुबह 9 बजे तक नेहरू प्लेस स्थित इंटरनेशनल ट्रेड टॉवर के कनाडियन वीजा केन्द्र पर पहुँचना होगा। 9 बजे के बाद वीजा चाहनेवालों की लाइन लम्बी हो जाती है।...दिन का सफर तो इस गर्मी में और भी जानलेवा। अभी दो दिन पहले ही तो लू से उबर पाया हूँ। इन दिनों शयनयान की सीट भी मात्र हाथ पैर सिकोड़ने फैलाने की राहत देने योग्य होती है...और तो भी गर्म हवा, गर्म सीटों के बीच फर्श पर लेटे, बिखरे यात्री शयनयान में आम हैं। कोई पूछने, देखनेवाला नहीं...टी.टी.ई. केवल लिस्ट पर टिक मारने के लिए आते दिखाई पड़ते हैं...किसी जरूरत के समय तो आप बस 'ढूँढ़ते रह जाओगे'। प्रथम श्रेणी वातानुकूलित जो हम जैसों की पहुँच से बाहर है, वह भी अफसरों, नेताओं, सी.ई.ओ. टाइपों (जिन्हें वायुयान सुविधा सम्भव न हो सकी) से फुल तथा द्वितीय और तृतीय श्रेणी वातानुकूलित पर मँझोले अफसरों, नवधनाढ्यों का कब्जा। तीसरे वातानुकूलित में तो नवधनाढ्य या रिश्वतखोरों के परिवार ऐसी गृहस्थी की शक्ल देते हैं जैसे कम्पार्टमेंट उनका डायनिंग रूम हो...अब आप मन ही मन झींकते रहिए...उनके बच्चों का ध्यान रखिए कि वे बालसुलभ कौतुक के साथ आपको असुविधा (या हानि भी) पहुँचाएँ तो आप न सिर्फ सहें बल्कि उनके शावकों के गाल भी थपथपाएँ। लेडीज के लिए वह विनम्र अधिकार के साथ आपसे लोअर बर्थ माँग लेंगे या हथिया ही लेंगे...फिर लघुशंका इत्यादि के लिए 'सीनियर सिटीजन' खतरनाक नसैनी चढ़ता-उतरता रहे...वह भी इस सावधानी से कि उसकी सीट पर पसरकर सोई लेडी से कहीं स्पर्श न हो जाये। अन्यथा मौखिक, शारीरिक, कानूनी किसी भी तरह की कार्यवाही से सामना हो

सकता है। इतनी सारी आशंकाओं और सम्भावनाओं के बीच भी वातानुकूल की तीसरी श्रेणी तक ही अपनी जेब की पहुँच बन पाती है...इससे ऊपर यजमान की क्षमता और श्रद्धा जैसी हो।

इधर कम्प्यूटर (लैपटॉप) धारक छोटे पुत्र ने तत्काल में प्रयास किया—कहा कि दो जगह मिल रही हैं शयनयान में। बस एक गाड़ी में हैं—मैंने कहा ले लो। गाड़ी रात को है। मैं थोड़ा आश्वस्त हुआ कि दिल्ली से लौटते में देखा जायेगा। 16 तारीख की रात में वरवरण या सगाइयों का मुहूर्त्त है। सोचा एक परिचित/रिश्तेदार के यहाँ खाना खाऊँगा, दूसरे को सूरत दिखा नमस्कार, बन्दगी करते हुए रात 10:30 बजे निकल लूँगा। रात में ऑटो घर से पौन किलोमीटर दूर चौराहे से लेना होता है। पर रात बारह बजे के आसपास की गाड़ियों में प्रायः तारीख की गलती हो जाती है। जैसे 16 की रात निकलना है और गाड़ी 00:05 बजे चलती है तो तारीख 17 हो गयी। अर्थात् टिकिट बेकार। यहाँ यह हुआ कि टिकिट 16 ता. में चाहिए था और 17 का हो गया। भड़भड़ी में बेटे ने ध्यान न दिया क्योंकि दो सीटें तो तत्काल में तुरन्त शून्य में बदलती हैं। दुबारा चैक करने पर यह त्रुटि समझ आयी। तत्काल आरक्षण में पैसे भी नहीं लौटते। साढ़े चार सौ चुटकियों में चले गये। मेरे लिए यह मलाल पैदा करनेवाला था। यह तो हुआ ही पर कठिनाई तो आगे थी कि मुझे सामान्य कोच में धँसना होगा जिसकी भीड़ का स्मरण आते ही रोंगटे खड़े हो जाते हैं। सामान्य कोच की यात्रा तो एक किस्म का युद्ध है किन्तु इस युद्ध के सिवा कोई चारा न था। वैसे दिन की यात्रा का विकल्प था किन्तु उसमें यही कि मारामारी करते दिल्ली पहुँच रात के 10–11 बजे या तो किसी मित्र को खटखटाकर असुविधा में डालो या पाँच सात सौ रुपये में कोई सड़ा-सा कमरा पहाड़गंज का पकड़ो अथवा स्टेशन पर रात बिताओ। पहले शरीर पर निभ जाता था अब उम्र नहीं रही। कवि लीलाधर मंडलोई के यहाँ अचानक कभी भी पहुँचा जा सकता है पर इन दिनों वह घर बदलने के दौर में चल रहे थे। कवि कथाकार विष्णु नागर के यहाँ भी जाया जा सकता था...कथादेश के सम्पादक हरिनारायण को भी खटखटाए जाने से परहेज नहीं। आजादपुर मंडी के पास भतीजी का भी घर है। कुछ जगहें और भी हैं जैसे—प्रो. देवेन्द्र चौबे द्वारा गोमती गेस्ट हाऊस में कमरा उपलब्ध कराया जा सकता है। पर बात वही कि अचानक रात गये आप किसी की पीठ पर लदने के लिए भटकते फिरें...मोबाइल घनघनाएँ।...फिर दिल्ली अब कोई शहर नहीं, अपने-आप में पूरा देश है। मैं तो दिन में घर भूल जाता हूँ रात को तो बहुत बड़ा जोख़िम...। इसलिए मरते-गिरते रात में ही निकलना निश्चित किया।

स्टेशन पर देखा कि शयनयान में आरक्षणवालों को घुसने तक के लाले पड़ रहे हैं। मेरे सामने आकर ठसाठस दक्षिण एक्सप्रेस ठहरी और निकल गयी...मालवा

व गोवा एक्सप्रेस में भी पैर टिकाने की जगह न दिखी और हम खड़े-खड़े डिब्बों का कारवाँ गुजरता हुआ देखते रहे। अब सुबह 8 बजे तक दिल्ली पहुँचाने के लिए मात्र एक ट्रेन बची थी—'पातालकोट एक्स.' जो छिन्दवाड़ा (म.प्र.) से आती है...सराय रोहिल्ला पहुँचती है। यह अन्तिम उम्मीद थी—चढ़ो या वीजा के लिए बतायी तारीख चूक जाओ। रात 11:55 पर आनेवाली ट्रेन 1:45 तक न आ पाई थी। रेलवे स्टेशन पर ऊटपटांग उद्घोषणाएँ चल रही थीं। मालवा एक्स. निकले आधा घंटा हुआ पर इलेक्ट्रॉनिक सूचना पटल बता रहे थे कि अमुक प्लेटफार्म पर खड़ी है। कुछ ट्रेनों के बोगी नं. आगे पीछे हो गये थे। एनाउंसर ट्रेन का नाम, नम्बर बोलती पर प्लेटफार्म नं. दब जाता या साइलेंट होता। सही सूचना पाने के लिए यात्री प्लेटफार्मों को फलाँगते हुए पूछताछ खिड़की पर पहुँचे और लौटे तब तक सम्भव है कि वहाँ बोर्ड पर लिखी सूचना बदल जाये। मोटी-मोटी तनख्वाहें, बेहिसाब सुविधाएँ पाने के बावजूद हमारे यहाँ सरकारी सेवक (कर्मचारी) सिर्फ अपनी नौकरी बचाए रखने का काम करता है। खैर प्रशासनिक और सरकारी तन्त्र की कथा तो अनन्त है...फिर भी देश चल तो रहा है। ट्रेनें भी चल रही हैं। कुल मिलाकर पक्की सरकारी नौकरी का अर्थ है—अधिकतम वेतन-सुविधा व न्यूनतम काम और दायित्व।

दो वर्ष पहले एक सर्वे रिपोर्ट मैंने अखबार में पढ़ी थी कि भारतीय किसान की औसत मासिक आय 2115/-रुपये है जब कि छठवें वेतनमान के बाद चपरासी का वेतन भी 20 से 25 हज़ार के बीच (मासिक) हो चुका था। किसान के साथ आवश्यक रूप से उसकी पत्नी तथा 2-3 (या उससे अधिक भी) बच्चों का यथा सम्भव श्रम जुड़ा रहता है। पत्रकारिता, फिल्म, शेयर और जाने किस-किस क्षेत्र में बौद्धिक, वित्तीय निवेश कर अपर क्लास जीवन जीनेवाले प्रीतीश नन्दी जैसे अँग्रेजीमति बुद्धिजीवी पिछले 10 वर्षों से किसानी पर टैक्स लगाने के लिए कलम का लट्ठ लेकर पीछे पड़े हैं। ये 'हाई मॉरेलिटी'वाले हैं जो हमने एक तहलका मचानेवाले के मुँह से सुनी थी। मैं स्वयं एक मध्यम दर्जे का किसान हूँ और ऐसे लोगों को चुनौती देता हूँ कि वह मेरे यहाँ मेरी तरह या अन्य किसानों के साथ केवल दो महीने जून और जनवरी का जीवन जीकर देखें...मैं इसके बदले उनके यहाँ उनके चपरासी का जीवन भी चार-छह महीने बिताकर दिखाऊँगा।...अतः मेरा निवेदन है कि स्टेटमेंट इतने सतही, इकतरफा न होने चाहिए, न उन्हें छापा जाना चाहिए।

ये तो है...होता है पर असल बात मुद्दे की...वह यह कि अव्यवस्था के बीच भी बिना किसी उद्घोषणा, सूचना के 'पातालकोट एक्स.' पूर्व से निर्धारित प्लेटफार्म पर आ गयी। मैं दौड़ता हुआ पिछले डिब्बे तक गया। वहाँ शहर में हमारे पड़ोसी हरी झा मिले और मुझे डिब्बे में चढ़ा दिया—'भाई साब! घुस जाओ!'

मैं घुस गया। एक स्थान देख बैठा तो वहाँ से हटा दिया गया। सीट पर तीन

महिलाएँ दो पुरुष थे। अधेड़ महिला ने आँखें तरेरीं। आगे बढ़ा—यहाँ एक युवक लेटा था, एक महिला व एक पुरुष बैठे थे। मैंने युवक को हिलाया—उठो भाई!...दो तीन बार हिलाने पर उसने आँखें खोलीं। मुझे लगा गुर्रायेगा किन्तु वह सिर्फ खा जानेवाली आँखों से घूरता हुआ अधबैठा हो गया और मैं जगह पर काबिज़ हो गया। अब जैसे भी हो ऊँघते, झपकते, सफर कट ही लेगा।

ट्रेन सात बजे से पहले ही ओखला स्टेशन जा पहुँची...बातचीत में पता चला कि सराय रोहिल्ला तक धीरे-धीरे चलती है...बहुत समय खाती है अतः निजामुद्दीन अथवा नयी दिल्ली की ओर जानेवाले ओखला पर उतर लेते हैं। यहाँ ट्रेन का स्टॉपेज नहीं है...वह बस धीमी होती है।...ओखला आने को या ट्रेन वहाँ पहुँचने को ही है। मेरे पास सिर्फ एक टंगू थैला था। कुछ यात्री मुझे द्वार की ओर बढ़ते दिखे तो मैं भी खड़ा हो गया। गाड़ी धीमी होने लगी थी। कुछ पल बाद लोग कूदते हुए उतरने लगे। मैं गेट से सटा थोड़ी और धीमी होने की प्रतीक्षा में था। यहाँ स्टेशन भी न दिख रहा था। लगा कि इससे अधिक धीमी शायद न हो...सम्भव है स्टेशन पर भी धीमी न हो बल्कि तेज हो जाय। कूदनेवाले पहले ही कूद चुके थे। मैं भी हनुमान जी का स्मरण करते हुए पायदानों से होकर उतरा और चार छह कदम ट्रेन के साथ दौड़ा—'प्रबिसि नगर कीजे सब काजा। हृदय राखि कोशलपुर राजा।' मैंने स्वयं को सकुशल पाया।

पटरियों के दायरेवाला सुबह का वही दृश्य फैला, बिखरा था जो भारतीय महानगरों में आम है। बालिश्त भर घास या झंखाड़ की ओट लेकर अथवा इतनी भी जरूरत न महसूस करते हुए बीसियों लोग उकड़ूँ बैठे फ़ारिग होने की क्रिया सम्पन्न कर रहे थे। ट्रेन स्टेशन के पहले धीमी हो गयी थी सो यह निरापद क्षेत्र था। एक टूटी दीवार जो शायद रेलवे की भूमि की सीमा बनाती होगी। दीवार के सहारे कुछ महिलाएँ फ़रागत में थीं। एक भाई साहब उकड़ूँ बैठे ही मोबाइल पर कोई 'बिजनेस डील' कर रहे थे। किसी के आने जाने से कोई अन्तर न पड़नेवाला था। नित्यक्रिया की यही विधि और विडम्बना है यहाँ। योजना आयोग ने अहलूवालियाई शुचिता के तहत टॉयलेट रिपेयरिंग में ही 50 लाख खर्च किये थे जिनसे एक टीन शेड के नीचे कम-से-कम 100 स्वच्छ शौचालय रेलवे की इसी जमीन पर रेलवे के सहयोग से बनाए जा सकते हैं जिनमें कम से कम से एक हज़ार लोगों का निस्तार हो सकता है। न्यूनतम मजदूरीवाली दर पर पाँच कर्मचारी सफाई के लिए सरकार नियुक्त करे। मलबे से कम्पोस्ट खाद बने...तो लोग कम से कम जानवरों की तरह गोबर करते तो नज़र न आएँगे पर सरकारी लोग छोटी-छोटी बातें नहीं सोचते। ट्रेन से कूदी सवारियाँ सड़क की दिशा में बढ़ रही थीं...। पतली-सी पगडंडी पर पाँवों को लिसड़ जाने से बचाता अधटूटी दीवार फलाँगकर मैं भी सड़क किनारे आ लगा।

कूदनेवाले सड़क पर दो दिशाओं में बँटने लगे तो मैंने वह दिशा पकड़ी जिधर ज्यादातर लोगों का रुख था—'महाजनो येन गताः स पन्था'। दस बारह मिनिट के पैदल भ्रमण के बाद मैट्रो स्टेशन की सीढ़ियों से जा लगा। मैंने राहत महसूस की। मैट्रो दिल्ली के लिए अब तक की सबसे सुविधाप्रद व आधुनिक सौगात है। यह देन है एक पागलपन की हद तक समर्पित और ईमानदार इंजीनियर ई. श्रीधरन (शायद यही नाम है) और उनकी टीम की जिसने दिल्ली के भीतरी यातायात को सुगम, सुलभ बनाया है। यहाँ से नेहरू प्लेस तक सीधी बैंगनी लाइन मिल गयी। मेरा गंतव्य इसी मैट्रो स्टेशन के ठीक सामने और पास बताया गया था।

स्टेशन से उतरते ही सामने बहुमंजिला भवनों का समूह दिखा। चौड़ी सड़क पार की तो मुझे गंतव्य इंटरनेशनल ट्रेड टावर भी दिख गया पर अभी 9 बजने में बहुत देर थी। मैं एक कोने में सीढ़ियों पर चलती चाय की दुकान पर जा बैठा...चाय पीकर उसी चायवाले से पूछा कि क्या आसपास कोई सुलभ शौचालय है? उसने दिशा बताई और उस दिशा में लगभग 1 किलोमीटर चलकर सुलभ शौचालय तक पहुँचा। यहाँ पूछने पर पता चला कि 10 रुपये में फ़रागत होने तथा नहाने दोनों की व्यवस्था है। यह एक तिराहा है जहाँ कोई बस स्टैंड भी है...। रेहड़ी, ठेलेवाले, बस ड्राइवर, कंडक्टर, क्लीनर, कुछ यात्री, झुग्गी-झोपड़ीवाले, दिहाड़ी मजदूर व सड़क किनारे खोखे खड़ेकर जीविका चलानेवाले विभिन्न प्रदेशों से रोजगार की तलाश में आ पहुँचे लोगों के लिए यहाँ जन-सुविधा उपलब्ध होती है। जाति सम्प्रदाय क्षेत्र भाषा सब पहचानों से ऊपर सब तरह के लोग यहाँ सुबह-सुबह आ झिमटते हैं। इनके बच्चे तो सड़क किनारे ही अपनी आवश्यकताएँ पूरी कर लेते हैं। महिलाएँ मुँह अँधेरे फुरसत पा लेती हैं। डेलीवालों के लिए यहाँ सुविधा आधी रेट अर्थात् 5 रुपये में है—ऐसा मुझे बताया गया। यह लगभग रेलवे के मासिक टिकिट की तरह है- कितनी भी बार आओ-जाओ। यहाँ के कर्मचारी और सुविधा पानेवाले एक-दूसरे के चेहरे पहचानते हैं। ऐसी जगहों पर हाइजिनिक सवाल सफेदपोश चोंचलों से अधिक महत्त्व नहीं रखते। वही डिब्बे और बाल्टियाँ हैं जो टूटने-फूटने के बाद भी महीनों इस्तेमाल होती हैं। निस्तार पर जाने से पहले पॉट में खुद ही पानी भरकर उँड़ेलना होता है क्योंकि बाद की सफाई के लिए बहुत कम लोग ही पानी डालते हैं।...जब पहलेवाले ने यह काम नहीं किया तो मैं क्यों जहमत उठाऊँ? आगे आनेवाला अपने आप करेगा। मेरा काम तो निपट ही गया। सरकार की तरह यहाँ भी व्यवस्था है।

बहरहाल नित्यक्रिया, दातुन-मंजन के पश्चात् मैंने बाहर लगे नल पर सामुदायिक स्नान के बीच नहाना तय किया...भीतर एक खास तरह की बू तैर रही थी। यहाँ लोग कपड़े धो रहे थे, सुखा रहे थे। कोई एक पंडित जी नुमा कोने में अगरबत्ती

लगाकर पूजा भी सम्पन्न कर रहे थे। नहा-धोकर बैग कन्धे पर लटका मैं पुनः ट्रेड टॉवर की ओर लौटा और ऊँचे, विशाल भवनों की सीढ़ियों पर जा बैठा। यहाँ से इंटरनेशनल ट्रेड टॉवर के प्रवेश द्वार पर सीधी नज़र रखी जा सकती है। 8:30 बजे गेट में घुसते पंकज सुबीर दिखे तो जल्दी से सड़क पार कर मैं भी प्रवेश कर गया।

उस महाभवन में कनाडा वीजा ऑफिस तक पहुँचने में कोई कठिनाई न हुई- पहली मंजिल पर ही है। सरकारी बाबुओं की कार्यपद्धति, कोताही अधिकारियों के अहंकार, संशय, भय और उत्तरदायित्व को अहसान करने की तरह निभाने की मानसिकता ने निजी कम्पनियों के लिए सहयोग के द्वार खोले हैं। मध्यप्रदेश में पासपोर्ट बनाने का काम सुना है टी.सी.एल. को दिया गया है, केवल अन्तिम निर्णय या हस्ताक्षर सरकारी दफ्तर में होता है जिसे छपना या प्रिंटिंग नाम दिया गया है। यहाँ भी वीजा की सारी खानापूर्ति किसी प्राइवेट कम्पनी के हाथ में है, हाँ निर्णय या हस्तक्षेप दूतावास ही करता है। इन निजी कम्पनियों में कर्मचारी उबासियाँ लेते, चाय पीते, क्रिकेट मैच देखते कार्यालय समय नहीं बिता सकता...उसे परिणाम देना होता है। वह शासकीय कर्मचारी की तरह 'आराम से काम' का सुख नहीं चुभला सकता। कार्यालय का गेट ठीक नौ बजे खुल गया। अब तक कोई बीस महिला, पुरुष पंक्तिबद्ध हो चुके थे। तलाशी की सुरक्षात्मक प्रक्रिया का निर्वाह करते हुए प्रवेश मिलने लगा। भीतर घुसते ही बाईं ओर से एक कम्प्यूटराइज्ड पर्ची मिलती है, जिस पर नम्बर दिया होता...आप हाल में बैठकर स्क्रीन पर अपने नम्बर की प्रतीक्षा कीजिए। यहीं भीतर ही पत्रकों की फोटोकॉपी तथा व्यक्ति का फोटो खींचे जाने की भी व्यवस्था है। एक खिड़की वीजा फार्म भरे जाने में सहयोग के लिए भी है। हमारे पास भरा हुआ आवेदन-फार्म था, हाँ फोटो अवश्य खिंचवाने पड़े। एक नया फार्म भी भरना पड़ा। घंटे भर के भीतर हमारा नम्बर स्क्रीन पर आ गया कि विंडो नं. 3 पर पहुँचें। यहाँ कागज देखे, फोटो का मिलान किया। शुल्क जमा हुई और पासपोर्ट सहित आवेदन फार्म जमा कर लिया गया। मेरे पास ई-मेल न होने से पंकज का ही नम्बर और पता दे दिया...सम्पर्क हेतु। दोपहर 11 बजे तक हम वीजा कार्यालय से बाहर निकल आए। पंकज सुबीर के पास शाम को ही लौटने का टिकिट था। उन्हें भी ग्वालियर उतरना था अतः तय पाया कि दोनों साथ-साथ लौटेंगे। मेरे लिए आरक्षण लेने की कोशिश ट्रेन में ही की जायेगी। अब हमारे पास 4-5 घंटे का समय था। मैंने कवि (अब सम्पादक भी) लीलाधर मंडलोई को फोन लगाकर जानना चाहा कि क्या वह दिल्ली शहर में ही हैं। उन्होंने कहा—'यहीं हूँ...आप भारतीय ज्ञानपीठ कार्यालय आ जाइये। इन्तजार करूँगा।

पंकज सुबीर का भरतीय ज्ञानपीठ से गाढ़ा सम्बन्ध है...वह वहाँ से पुरस्कृत हो चुके हैं और भारतीय ज्ञानपीठ के न्यासी जैन साहब से व्यक्तिगत रूप से परिचित

हैं। हम दोनों ने ज्ञानपीठ का रुख किया। धूप में गर्म हवा के बगूले उड़ रहे थे...। मंडलोई से मुलाकात राहत देनेवाली थी। दोपहर का भोजन जिसे 'इंडिया' 'लंच' कहती है, वहीं उनके साथ हुआ।

लौटते हुए मैंने सामान्य श्रेणी का टिकिट ले लिया जिसे ट्रेन पर ए.सी. (तृतीय) में बदला जा सके किन्तु टी.टी.ई. ने कोई सीट न होने की सूचना के साथ कहा—'दद्दू! आप स्लीपर में देख लो...निकल जाइये भीतर-भीतर अन्यथा ए.सी. थ्री के लिए सवा चार सौ टिकिट के साथ उतना ही जुर्माना भरना पड़ेगा। सीट फिर भी न मिल पायेगी। पंकजवाली सीट पर यूँ भी कश्मकश थी—एक परिवार जो यात्रा कर रहा था, उनके साथ मानसिक तथा (शायद शारीरिक) विकलांग 9-10 वर्ष की बच्ची थी। वे इलाज के सिलसिले में दिल्ली आकर लौट रहे थे। परेशान थे और अब तक मुझे सीट पर चौथे के रूप में झेलते आ रहे थे पर टी.टी.ई. से मुझे अनधिकृत जानकर उनकी आँखों में तिरस्कार उग आया था। पंकज साढ़े आठ सौ देने को तैयार थे पर मैंने रोक दिया कि लगभग दो घंटे तो निकल ही गये अब शेष तीन, साढ़े तीन घंटे की सुविधा के लिए यह मूर्खतापूर्ण फिजूलखर्ची होगी। मैं अपना बैग टाँग कर निकलते हुए स्लीपर क्लास में आ गया। बैठने को स्थान भी मिल गया पर ए.सी. से निकल सनसनाती लू भरे गर्म डिब्बे में पहुँचना कठिनाई तो पैदा करेगा ही। मैं पसीना-पसीना होते हुए वातावरण के अनुकूल होने की कोशिश में लग गया। अब भी मेरा टिकिट स्लीपर क्लास के अनुकूल नहीं था पर यहाँ टिकिट और जुर्माने का अन्तर चुकाना मेरी सीमा में आ गया।

टी.टी.ई. का काला कोट दिखा तब तक ट्रेन आगरा स्टेशन छोड़ चुकी थी। अब ग्वालियर तक डेढ़ दो घंटे का रास्ता और समय रहा था। इतने के लिए मुझे तीन सौ रुपये खर्च करना भी उचित न लगा। मैं सीट से खड़ा हो टी.टी.ई की बगल से होकर विपरीत दिशा की ओर निकल गया। काले कोट के जाने के पश्चात् फिर वहीं आ बैठा। अपराध बोध जरूर मन में था पर तिकड़म अपना ली थी। ट्रेन चम्बल का पुल पार कर रही थी। आगे मुरैना...फिर सीधा ग्वालियर...बस एक घंटा और। इस बीच कुछ विपरीत हुआ तो देखेंगे। संयोग से ग्वालियर तक कोई पूछनेवाला न आया।

अब मुझे पंकज सुबीर के पते पर पहुँचनेवाली सूचना या वीजा की प्रतीक्षा करनी थी। पर्याप्त समय है...इन्तजार किया जा सकता है। पासपोर्ट, वीजा का तनाव दूर हुआ तो जाने की तैयारी तो 4 दिन में पूरी हो लेगी। 27 जून को पंकज का फोन मिला कि वीजा आफिस से कूरियर भोपाल आ गया है—आप अपने अथॉरिटी लेटर के साथ आई.डी. की फोटोकॉपी किसी भी 'कैफे' से तुरन्त मेरे ई-मेल पते पर भेज दें। उस समय दोपहर को 11 बजे थे...जून की दोपहर के, जब धरती से आकाश

तक सूरज के तेज़ का साम्राज्य होता है...हवा भी आग बन जाती है। मैं खाना खाकर आराम करने की तैयारी में था पर यह तुरन्त वाला मामला ठहरा। बाहर वही वास्तविकता विचर रही थी कि—'सेनापति नेंकु दुपहरी के ढरत, होत धमका विषम ज्यों न पात खरकत है...मेरे जान पौनो सीरी छाँह को पकरि कोनों घरी एक बैठि कहूँ घामें बितवत है।'—पंकज के फोन इसी तुरन्ती तर्ज में मिलते हैं इसलिए इसी घाम में निकलना पड़ा। साहस जुटाना पड़ा कि ससुरे बड़े ग्रामीण कथाकार बने फिरते हो। पेशे और परम्परा से पंडित और किसान जताते-बताते हो। किसान क्या इस तरह किसी आरामदायक छत की छाँव का मुखापेक्षी, परिग्रही होता है? यह चुनौती थी और इसके संग स्वार्थ जुड़ा था—एक गौरवपूर्ण विदेश-यात्रा का। यद्यपि विदेश जाना 'खानदान में पहली बार' नहीं था—मेरे कोई स्वर्गीय दादा जी 1914 के विश्वयुद्ध में कहीं विदेश जाकर लड़े थे। क्या पता कि वह अनुपम भारतीय प्रेमकथा 'उसने कहा था' के जमादार लहना सिंह की ही कमांड में रहे हों। मैंने अपने बचपन में अपने चाचा (कक्का जू) के पूजावाले आले में उनका एक तमगा देखा था। खैर वह 'विक्टोरिया क्रास' तो नहीं ही रहा होगा अन्यथा वह खूब सम्पन्न और समादृत होते और उनके वंशज अर्थात् मेरे पिता श्री को ब्राह्मण-वृत्ति न अपनानी पड़ती जिसका आदर्श वाक्य-सदियों से अब तक उद्धृत किया जाता है—'औरन को धन चाहिए बावरि बाम्हन को धन केवल भिच्छा।'

तो उस भभकती दोपहरी में 'इंटरनेट कैफे ' की ओर निकल पड़ा। सच तो यह है कि मैंने कभी अपने स्तर पर इंटरनेट का प्रयोग न किया, न कराया था। पहले मुझे अधिकार-पत्र स्केन करना था...आई.डी. भी। तब भेजा जाना था उन्हें...। जिस कैफे तक पहुँचा वह मल्टी-परपज दुकान है जिसमें फोटोकॉपी होती है...भाँति-भाँति की नौकरियों के आवेदन-फार्म बिकते हैं...कम्प्यूटर टाइपिंग होती है...ऑनलाइन आवेदन भरे, भेजे जाते हैं...सर्टिफिकेट, अंक सूची आदि-आदि का लेमीनेशन होता है...आधुनिक बाइंडिंग के साथ एक कोना स्टेशनरी का भी है। साथ में यह कि ये वे तारीखें हैं, जब, स्कूल, कॉलेज, विश्वविद्यालय के विभिन्न कोर्सेज में भर्ती की जाने कितनी शुरूआतें, रिक्तियों की पूर्ति के आरम्भ की आपाधापी रहती हैं अतः ऐसे मरजानी मौसम में प्रचुर भीड़ थी।...हमारे शहर व इस उपनगर में काउंटर ठीक सड़क तक निकाले जाकर दुकान में अतिरिक्त जगह निकाली जाती है। तब यह स्वाभाविक है कि 'कस्टमर' दुकान भर लम्बे काउंटर से चिपक सड़क पर खड़ा हो अपनी आवश्यकता की पूर्ति करे। सड़क सार्वजनिक है उस पर तख्त व पाटे लगाकर घेर लिया है...। यह घेरना दोनों तरफ से होने पर सड़क आधी सिकुड़ जाती है। मेरा नम्बर आया...कुछ तकनीकी आदान-प्रदान के बाद दुकान के लड़के ने मुझसे कहा—'चला गया' 50 रुपये दीजिए।...मैंने उसके मुँह की ओर देखा। 'दद्दू

आपके कागज स्केन कर भेज दिए। 50 रुपये हुए।'

दो दिन बाद खबर मिली कि आवेदन में कुछ कमियाँ रह गयी हैं अतः वीजा नहीं आवेदन ही वापिस आ गया है। त्रुटियाँ ठीक हों इसके लिए मुझे बैंक स्टेटमेंट तथा अपनी प्रकाशित पुस्तकों के आई.एस.बी.एन. भेजने होंगे। पासबुक व प्रार्थना पत्र के साथ बेटे को बैंक भेजा तो सहायक ब्रांच मैंनेजर जैसे बैंक अधिकारी ने झुँझलाहट प्रकट की कि वीजा में बैंक स्टेटमेंट की जरूरत ही नहीं पड़ती। पासबुक की फोटोकॉपी लगती है। पासबुक से बड़ा प्रमाण नहीं होता स्टेटमेंट।...फिर भी माँगते हो तो वह भी निकाल देंगे पर इसके लिए 104 रुपये (एक सौ चार) प्रति पृष्ठ शुल्क खाते में से कट जाएगी और इस अप्लीकेशन में जो सील सिग्नेचर के साथ स्टेंटमेंट लिखा है सो पासबुक या स्टेटमेंट पर सील, सिग्नेचर नहीं होता। बैंक तो कम्प्यूटराइज्ड स्टेटमेंट देती है...दुनिया में कहीं से भी तस्दीक की जा सकती है। भाई साहब! वीजावाले आपको परेशान कर रहे हैं...यूँ ही टालने को।

बेटे ने जो भी उसे कहा या समझाया हो तो बताया गया कि स्टेटमेंट लंच टाइम बाद निकाले जाते हैं...दो बजे बाद आइये। दो बजे बाद बेटा घर से तो निकला पर उसका कहीं पूर्व से समय तय था इसलिए ठीक 2 बजे पहुँचा तो बैंक में लंच टाइम चल रहा था कुर्सियाँ खाली थीं। लड़का अपने निर्धारित काम से निकल गया। पाँच तक लौटा तो कुर्सियाँ फिर से खाली मिलीं। वाचमैन ने बताया कि बैंक चार बजे बन्द हो जाती है। आगे अजब संयोग कि बेटे को अपने रोजगार के तहत भोपाल जाना था और मुझे गाँव के एक वैवाहिक आयोजन में रहना था।...तो तीसरे दिन मुझे ही बैंक पहुँचना पड़ा—स्टेटमेंट लेने।

बेटे द्वारा बताई हुई कुर्सी पर पहुँचकर पासबुक दिखाते हुए उनको कष्ट देने का कारण बताया तो कुर्सीधारी बोले—'आपका स्टेटमेंट तो वो ले गया।'

'वो कौन ले गया? मेरा बेटा जो आप तक मेरा अप्लीकेशन लेकर आया था वह भोपाल है...मुझसे लेने कह को गया है।

'एक लम्बा साँवला लड़का ले गया है...क्यों?...उन्होंने गर्दन घुमाकर अपने बराबर या बगलवाली कुर्सी से पूछा।

'हाँ, वो ले गया ना!'—बगलवाली कुर्सी बोली।

'मगर बेटा मेरा ले नहीं गया...मैं आपके सामने बैठा हूँ तो कौन ले गया?—मैंने हैरानी जताई।

'अच्छा! हम कह तो रहे हैं कि ले गया है...क्या झूठ बोल रहे हैं हम? दोनों कुर्सियों ने पहले एक-दूसरे को फिर मेरी ओर देखा।

'जी, आप देख लीजिए। महेश कटारे के नाम से एप्लीकेशन थी...।

'जो भी हो...पर आपका स्टेटमेंट कोई ले गया है...।

मैंने बाहर निकल बेटे को फोन लगाया कि शायद...उसने ले ही लिया हो। बेटा ले लेता तो मुझसे लेने को क्यों कहता। मैंने कुर्सी से कहा कि लीजिए, बेटे से बात कीजिए जो यहाँ आया था...। कुर्सी ने कहा कि—'हमें क्या? हम दूसरा निकाल देंगे...दो बजे बाद।'

'दो बार पैसे कटेंगे?'

'जितनी बार लेंगे उतनी बार कटेंगे...इसमें पूछने की क्या बात है?'—उसने सामने के कागजों पर सिर झुका लिया यह संकेत था कि सिर मत खाओ मेरा! काम करने दो।

मरता क्या न करता। मैं उठ आया। कोई आधा घंटा वहीं बाहर हॉल में लोगों की लाइनें देखते अथवा आँखे बन्द कर बैठे-बैठे ऊँघने की कोशिश करके काटा। 2:10 बजे मैं फिर कुर्सी के सामने हुआ। उसने पासबुक लेकर खाता नं. तथा स्टेटमेंट का संकेत कम्प्यूटर पर दर्ज किया और एक मिनिट में स्टेटमेंट निकालकर पकड़ा दिया। मैंने हस्ताक्षर व सील बाबत कहा तो बोला कि ये तो कोर्ट में भी ऐसे ही मान्य होता है। सील वील नहीं लगती।

इसके साथ एक और स्टेंटमेंट लगाने की बात थी—अचल सम्पत्ति का मूल्यांकन। पूछताछ से पता चला कि इसकी प्रक्रिया बहुत लम्बी है। खेतिहर भूमि के मूल्यांकन हेतु तहसीलदार के यहाँ आवेदन लगता है। वह राजस्व निरीक्षक को आदेश देगा। राजस्व निरीक्षक पटवारी से माँगेगा। पटवारी की रिपोर्ट इसी क्रम से तहसीलदार तक जाएगी। वहाँ की निर्धारित प्रक्रिया के बाद मूल्यांकन पत्र जारी होगा। तहसील, पटवारियों को भुगतनेवाले जानते हैं कि यह महीनों या सब ठीक रहे तो भी हफ्तों की प्रक्रिया है। कुछ प्राइवेट या लाइसेंसशुदा मूल्यांकनकर्त्ता भी हैं जिनकी फीस हज़ारों में है। खसरा, खतौनी तो उनको भी लगेगी अर्थात् पटवारी, तहसील से साबका पड़ना ही पड़ना है। इस हफ्ते में अब दो ही कार्य दिवस हैं फिर शनि, रवि का अवकाश। आशय यह कि जुटे रहो तब भी पूरा हफ्ता लगना ही है। क्या भाग्य में बदी नहीं है विदेश यात्रा? लगता है—'लिखा न बिधि बैदेहि विवाहू'—यह वीजा रूपी धनुष तोड़ना कदाचित् अपने बस की बात नहीं रही।

सायं 7 बजे पंकज सुबीर का वही तत्कालवाला फोन—'दादा! कैसे भी कल नौ दस बजे तक दिल्ली पहुँचो। रेलवे में मुझे किसी गाड़ी में कोई रिजर्वेशन नहीं मिल रहा सो मैं इन्दौर से फ्लाइट पकड़ूँगा। कल नये सिरे से आवेदन करना है...आप पहलेवाले सब पत्रक और नये जो बताये हैं; सब लेकर पहुँचो। चार छह किताबें भी रख लाना...शायद अटैच करनी पड़ें। मैं एक कार्यक्रम में था। आयोजकों से क्षमा माँग, घर की ओर भागा। पत्रक सिलसिलेवार जमाकर कोई दुकान खुली मिले तो फोटोकॉपी करवा लूँ ताकि फाइल बन सके। कलावीथिका (कार्यक्रम

स्थल) से चौराहे पर पहुँच मैंने ऑटो पकड़ा। आपको जल्दी हो तो हर कोई मुँहमागा दाम वसूल लेता है। घर पहुँच कागज समेटने, सहेजने, बैग लगाने में ग्यारह बज गये। वह भी तब जब कि दो मिनिट भी कहीं बैठा होऊँ। हल्का-सा भोजन लेकर स्टेशन की ओर भागा। जैसे भी हो, पहुँचना है दिल्ली। फिर वही सामान्य लोगों की तरह सामान्य टिकिट और सामान्य डिब्बे की यात्रा। संयोग बस इतना ही कि साइडवाली सीटों के ऊपर की ताक पर, जिसमें बैग अटैची रखी जाती हैं...थोड़ी दो ढाई फीट खाली जगह दिख गयी। गाड़ी वही थी—पहलेवाली अर्थात् पातालकोट एक्सप्रेस। बैठने के लिए ठँसने लायक जगह भी मिल गयी थी पर पूरी रात इसी तरह बैठे-बैठे काटना साठ पार की उम्र में भारी हो जाता है। अब ये जो बगलवाली ताक होती है वह कुछ-कुछ दीवार की ओर ढलवाँ होती है ताकि हिचकोलों में सामान सरककर नीचे सीट पर बैठे यात्री के सिर पर न आ टपके। चौड़ाई शायद एक से सवा फुट। अर्थात् लेटने पर करवट नहीं बदली जा सकती। एक बात बता ही दूँ कि मैं पानी खूब पीता हूँ...तो लघुशंका उसकी स्वाभाविक निवृत्ति है। मैंने पहले तो उठकर खड़े बैठे लोगों के बीच से मार्ग बनाते हुए संडास तक पहुँच सम्भव की फिर लौटकर थैला ऊपर पहुँचाया और थोड़ा साहस व युवकोचित चपलता समेटकर यहाँ वहाँ टाँगे फेंकता हुआ ताक पर पहुँच ही लिया। वहाँ छत की ऊँचाई बैठने की अनुमति नहीं देती। सामान सरकारकर मैंने ढाई फुट जगह को खाली करते हुए पाँच फुट तक कर लिया और अपना थैला सिरहाने रख चित लेट गया। मैंने महसूस किया कि नीचे बैठ खड़े यात्री मुझे ईर्ष्या की दृष्टि से देख रहे हैं। इस शैय्या तक चढ़ने से अधिक उतरना खतरनाक है पर जीवन में जोख़िम तो लेना ही पड़ता है, तभी तो मैं पैर पसारकर लेट सका। आँखों पर सीधी और निकट से टूट रही रोशनी को अँगोछे की सहायता से रोका। आश्चर्य कि मैंने नींद भी ले ली जो बार-बार टूटती और फिर-फिर आ जुड़ती। इस तरह से मैंने जीवन में पहली बार यात्रा की पर स्मरणीय रही तथा कुल मिलाकर आरामदेह भी। पाँच घंटे के लगभग मैं इस शैया पर रहा। ओखला आने का अनुमान लगते ही डिब्बे में हलचल मची तो मैं भी नींद से बाहर आया तथा गाड़ी जब धीमी होती लगी तो अनेक यात्री अपनी सीटों से खड़े हो गये...मैं भी सावधानीपूर्वक उतर आया। धीमी गाड़ी से लोग कूदते-उतरते जा रहे थे। ओखला स्टेशन पहुँचते ही गाड़ी की गति बढ़ गयी फिर तो मैं प्रातः 7 बजे सफदरजंग स्टेशन पर ही उतर सका। वहाँ से दो या तीन किलोमीटर पैदल चलकर बस मिली जिसने नेहरू प्लेस उतारा। वहाँ से जन-सुविधाओं तक का मार्ग मुझे पहले से ज्ञात था ही—वही दस रुपये में नहान, निपटान और 9:15 बजे इंटरनेशनल ट्रेड टावर।

समय बिताने के लिए मैं नया ज्ञानोदय (पत्रिका) ले गया था जिसमें फहमीदा

रियाज की लघु उपन्यासनुमा काफी लम्बी कहानी है। हिन्दी में अब मोटापे की हद तक स्वस्थ इतनी पत्रिकाएँ तथा विशेषांक निकल रहे हैं कि यदि कोई पाठक प्रति महीने तीन पत्रिकाएँ भी पूरी पढ़ डाले तो उसे साहित्यिक अखाड़े के पहलवान की गुर्ज मिलना चाहिए। हाँ उनकी बात और है जिन्हें प्रचुर, पर्याप्त मासिक आय के साथ 'बैठे ठाले' का समय उपलब्ध है अथवा 'कालो गच्छति धमिताम्' वाला सुभीता है...यहाँ तो रोजमर्रावाले खर्चों के लिए भी प्रतिपग प्रयत्न करना होता है। कनाडा के वीजा कार्यालय के सामने की सीढ़ियों पर बैठे-बैठे वह बहुत ही उम्दा आख्यान मैंने पूरा कर लिया...कुछ आरम्भिक हिस्सा मैं घर पर पढ़ चुका था। साढ़े बारह बजे गेट पर पंकज सुबीर चमके। हम दोनों ने उस भव्यतर भवन में प्रवेश पाया। अपने शहरों में हम ऐसे महालयों की अगले पच्चीस वर्षों में भी होने की उम्मीद नहीं कर सकते। हाँ प्रदेश में भोपाल या इन्दौर कुछ और अधिक कर जाएँ तो थोड़ा गर्व कर लेंगे। दिल्ली की ऐसी भव्य सम्पदा के आगे मैं अपने आपको सदैव सिकुड़ता और हीन अनुभव करता रहा हूँ। इसी अदम्य-सी भव्यता के पीछे महीनों, वर्षों से सड़क पर रहती, सोती, खाती, बच्चे पैदा करती अनगिनत संख्या है। डेढ़ करोड़ की कार में सड़क पर लहराते 'कर लो दुनियाँ मुट्ठी में' का दम्भ माथे पर लिए हज़ारों, लाखों का डिनर लेते खुद को 'हाई मॉरेलिटी' वाला घोषित करनेवालों की एक दुनिया है तो इसी दिल्ली में जूठन पर टूटती, आपस में खौखियाती भीड़ भी है। इन दोनों दृश्यों को मिलाते हुए जाने क्या होता है कि मज़ाज की पंक्तियाँ ज़ेहन में चहलकदमी करने लगती हैं—

ऐ गमे दिल क्या करूँ...ऐ वहशते दिल क्या करूँ?
दिल में इक शोला भड़क उट्ठा है, आखिर क्या करूँ
जख़्म सीने में महक उट्ठा है आख़िर क्या करूँ?
मेरा पैमाना छलक उट्ठा है आखिर क्या करूँ?
ऐ गमे दिल क्या करूँ, ऐ बहशते दिल क्या करूँ?

एक ओर हज़ारों जेबों, ब्रीफकेसों में ठँसे नोट, करेंसी उफनती दिखती है तो दूसरी ओर करोड़ों भूख और बीमारी की चपेट में हैं। डॉक्टर की फीस और दवा के लिए अपने घर, ज़मीन तथा देह तक बेचने की विवशता में ज़िन्दगी की गिरहें सुलझाते गिन-गिन कर दिन गुजार रहे हैं। एक ही सिक्के के दो पहलू-इंडिया और हिन्दुस्तान। कभी-कभी ये ग़म, गुस्सा और टीस भी आदमी को उकसाकर लिखने की ज़मीन तैयार करते हैं। अभी कुछ ही देर पहले जब मैं सीढ़ियों पर बैठा किताब पढ़ रहा था, तब वहीं एक औरत अपने दो से छह-सात बरस के तीन-चार बच्चों को छोड़कर शायद आसपास के कूड़ादानों से कुछ चुनने, बटोरनेवाले धन्धे अर्थात् ट्रेड पर निकल गयी थी। इधर से उधर होती वह दो बार मेरे सामने से गुजरी-निहायत

मैले-कुचैले कपड़े, देह पर कई जगह मैल की परतें...रुखे, उलझे बाल...ब्लाउज के बटन आधे खुले जिनके बीच से एक ढीलाढाला मरगिल्ला स्तन लगभग बाहर ही लटक आया था और जाने कैसी विरूपता की घृणा के संचारी भावों की सृष्टि करता दिखता था। इन्हीं सीढ़ियों पर एक झुंड किशोरियों के साथ अँग्रेजी में कामुक धौलधप्पा करते युवकों का भी उन्हीं भवनों के किसी कार्यालय के खुलने की प्रतीक्षा में था। इनके हास-परिहास, भ्रूभंग, चितवन स्तनादि का निस्संकोच आर्वतन, विवर्तन आदि में उस औरत से अलग ढंग का काफी आधुनिक खुलापन दिखता था जैसे ये अभी-अभी कहीं जाकर, कुछ ही देर में सहजता से लौट सकते हैं मानो किसी कैफे में पहुँच स्नेक्स द्वारा भूख का दबाब कम कर लौट आए हों।

वह औरत साल दो साल के बीच की एक नाक, लार लिसड़ी बच्ची को वहीं उन दो तीन बच्चों के भरोसे छोड़ गयी थी जो आ जा रहे अथवा प्रतीक्षा में बैठे लोगों से पैसा या खाने की वस्तु बड़े निरपेक्ष भाव से माँगने लगते और बीच-बीच में डंडों की तलवार बाजी खेलने लगते। छोटी बच्ची ने अब पीला-पीला पतला सा दस्त भी कर लिया तथा उसमें भी इधर-उधर होकर लिसड़ने लगी। मैंने उन बच्चों को उसे दूसरी जगह ले जाने को कहा क्योंकि वहाँ भिनभिनाती मक्खियाँ उड़ती हुई मुझ तक भी आने लगी थीं। बच्चों ने सुनकर भी मेरी बात नहीं सुनी। शायद वह जानते थे कि मैं उनका कुछ नहीं बिगाड़ सकता। उनके पास बिगड़ने, खोने को कुछ है ही नहीं। वहाँ बैठना असह्य हो रहा था कि वह औरत फिर से वहीं होकर गुजरी। बच्ची उसे देख रोती हुई बाँहें पसारने लगी पर औरत अनसुनी करती चली गयी। वह बच्ची रोना और भी तीव्र कर माँ के जाने की दिशा में घिसटने लगी...इस प्रकार मल का कुछ अंश उस स्थान पर छोड़ आगे की ओर घिसटन से मल की लकीर बनाती दूर चली गयी। अब वहाँ होकर निकलनेवालों के जूते, चप्पल लिसड़ रहे थे क्योंकि प्राय: सब जल्दी में थे। सबकी दृष्टि ऊँचाई की ओर थी। नीचे देखने की ओर न उनका ध्यान था न आदत।

बहरहाल हम दोनों उस महाभवन स्थित कनाडा वीजा कार्यालय में पहुँचे। पंकज 10:30 बजे एयरपोर्ट पर उतरे थे। वहाँ से उन्हें बारह या शायद पन्द्रह सौ में टैक्सी लेनी पड़ी क्योंकि उन्हें एक स्थान से कनाडा से भेजे गये कुछ कागजात लेने थे। हमारे आयोजक ढींगरा फैमिली फाउन्डेशन (अमेरिका) तथा हिन्दी चेतना (कनाड़ा) के लोग हमारा वीजा न बन पाने से चिन्ता में पड़ गये थे तथा उन्होंने कुछ प्रयास अपनी ओर से भी शुरू कर दिए थे। वीजा के मामले में मुझे लग रहा था कि सबकुछ एक तरफा है अर्थात् दूतावास के अधिकारियों पर निर्भर है। वह आवेदन या तो स्वीकार कर लेते हैं या सीधा निरस्त कर देते हैं, अर्थात् यदि कोई तकनीकी त्रुटि है तो उसे सुधारने की उधर अधिकारियों में न कोई इच्छा है न आवेदक को कोई

अवसर। आपका आवेदन भाँति-भाँति की जानकारियों तथा उनकी पुष्टि में जुटाए गये अनेक पत्रक वीजा एजेन्सी की खिड़की से अन्दर हुआ...फिर उनकी प्रक्रिया में धँसकर ओझल। इसके पश्चात् यदि वीजा मिल जाता है तो उस देश के अधिकारियों का सौजन्य है या सम्बन्धित का भाग्य। मजा तो यह है कि वीजा का आवेदन निरस्त होने पर दुबारा आवेदन करने पर दोबारा शुल्क जमा करना होता है। पहले का शुल्क गया सो गया। दोबारा का आवेदन 4 जुलाई को हुआ। नये सिरे से शुल्क भर अपने पत्रक व पासपोर्ट खिड़की के हवाले कर हम वापिस हुए। पंकज को फ्लाइट से ही लौटना था। मैं एक रात दिल्ली ठहरने की सोचकर गया था...अब मन बदल गया। जैसा कि मैंने पहले लिखा है कि दिल्ली में रहकर भी कुछ मित्रों के 'घर' बचे हैं जहाँ 'प्रवेश निषेध' नहीं मित्रों के लिए 'स्वागतम्' का अहसास व आत्मीयता मिलती है। तो हम लोग मैट्रो से नयी दिल्ली स्टेशन पर आकर अलग हुए। मुझे जबलपुर जानेवाली श्रीधाम एक्सप्रेस मिल जाने की उम्मीद जगी और ज्यों त्यों कर रवाना होने से 2 मिनिट पहले वहाँ तक पहुँच भी लिया।

भयानक गर्मी और मैं थका हुआ। आराम की तुरन्त, तीव्र आवश्यकता थी। साधारण श्रेणी के डिब्बे में अपनी फूलती साँसों पर काबू पाकर मैं पुनः उतरा तथा ए.सी.थ्री के डिब्बे टटोलने शुरू किए कि...। संयोग कहिए या और कुछ कि कुछ जुर्माने, कुछ अन्तर-राशि, कुछ भूरे बालों पर लिहाज कुछ...? मुझे ग्वालियर तक एक सीट मिल गयी। घनघोर अनिश्चय के बीच सीट मिलने का भी एक अलग ही सुख है। रास्ते में मैंने भरपूर नींद ली जब कि सामान्यतः ट्रेन में मुझे किश्तों में नींद आती है। वैसे एक देशी कहावत है कि थका किसान ऊँची नीची मेड़ पर भी सो लेता है और भूखे को बासी रोटी भी इमरती का स्वाद देती है।

घर पहुँच स्नान भोजन के पश्चात् पत्नी ने एक बुरी खबर सुनाई, यद्यपि उसकी आशंका पहले से ही थी। हमारे एक स्वजन की बीमार चल रही पत्नी का देहान्त हो गया और वे लोग दिल्ली के किसी अस्पताल से शव लेकर लौट रहे थे। सान्त्वना देने और आश्वस्ति के लिए मेरा उस घर पर होना जरूरी है। वह परिवार मुझे अपना गुरुजन, मुखजन मानता है। भारतीय समाज में जन्म से मृत्यु तक हर अवसर के कुछ रीति-रिवाज होते हैं। उन्हें सम्पन्न कराने के लिए मेरी वहाँ उपस्थिति अपेक्षित थी। सारी रात अब वहीं बितानी है फिर अगले दिन दाह संस्कार होगा।

उम्मीद में थे कि एक हफ्ते बाद वीजा आ जायेगा। सात जुलाई को वीजा एजेंसी द्वारा एस.एम.एस. से सूचना मिली कि आपका आवेदन कनाडा वीजा कार्यालय भेज दिया गया है...। इसके पश्चात् वह सप्ताह गुजरा। दूसरे सप्ताह के भी तीन कार्य दिवस बीत गये। 22-23 जुलाई तक हर हाल में निकलना है। मेजबानों को टिकिट की व्यवस्था करनी है। हवाई यात्रा का टिकिट जितने कम दिन

में लेंगे, उतना ही मँहगा होता जाता है। इधर वीजा सम्बन्धी पूछताछ के लिए कोई नम्बर कोई माध्यम उल्लेखित नहीं, बस प्रतीक्षा ही प्रतीक्षा है—'जरा-सी आहट होती है तो दिल सोचता है...कहीं ये वो तो नहीं।'

17 जुलाई आ पहुँची। वीजा कार्यालय से कोई ख़त न ख़बरिया। क्या पता? कोई सूचना नहीं और सीधा ब्लूडार्ट कूरियरवाला ही कुंडी खटका दे। बड़ा मँहगा कूरियर है—साढ़े तीन-चार सौ इसके लिए आवेदन जमा करते समय ही ले लिए जाते हैं। पर बताते हैं बहुत प्रौम्प्ट और फास्ट है। कुंडी तीन बार खड़की—पोस्टमेन पार्सल लेकर आया, दो कूरियर भी आए। एक में सुप्रसिद्ध हास्य (व्यंग्य) कवि प्रदीप चौबे द्वारा आयोजित एक गीत संध्या का निमन्त्रण-पत्र था। दूसरा ग्वालियर हाईकोर्ट में फौजदारी के जाने-माने वकील प्रदीप कटारे के लिए अशोक नगर (म.प्र.) से किसी क्लाइंट अथवा सेशन कोर्टवाले किसी वकील द्वारा भेजी गयी सामग्री थी। मोबाइल पर भी कुछ सन्देश थे—एक मनोकामना पूर्णकारी रुद्राक्ष से भाग्य खोलने को कह रहा था तो दूसरा हनुमान यन्त्र और हनुमान जी की जर्मनी में बनी सूक्ष्म मूर्ति खरीदने के लिए। सोने की मूर्ति अर्थात् स्वर्ण शुद्धता के लिए जर्मनी की विश्वसनीयता का सहारा लिया गया है। पता नहीं किसी पुराण में जर्मनी को ही हनुमान जी का नेटिव प्लेस बताया गया हो अथवा किसी पंडित ने कोई तुकबन्दी भिड़ाकर व्याख्यानुमा निष्कर्ष निकाल दिया हो। तीसरा ख़ुदा की मेहरबानियाँ बरसाने वाले किसी पैंडेट के लिए था—विशेष छूट यह कि एक के पैसे भेजो तो साथ में एक मुफ़्त मिलेगा। एक की जगह दो लोगों पर ख़ुदा मेहरबानियाँ बरसाने लगेगा। गरज यह कि हनुमान जी बिक रहे हैं तो बोली पर खुदा को भी चढ़ा दिया गया है।...तकलीफ यह कि मुझे जिसकी प्रतीक्षा है, उस विषय में कोई सन्देश नहीं।

रात करवटें बदलते बीती, सो भी अजीब-अजीब असम्बद्ध सपनों के साथ। अवचेतन में वीजा ही बजता रहा। 18 जुलाई को जी उखड़ा था...आज भी एक अन्त्येष्टि में शामिल होना पड़ रहा था। एक ही अच्छी बात रही कि आषाढ़ के पूरे महीने से झुलसाते सूखे में राहत पहुँचाती बारिश शुरू हो गयी। पानी रुक-रुक कर बरसता रहा। अन्त्येष्टि का कार्यक्रम दिन के 11 बजे बताया गया जो दोपहर बाद दो बजे का होकर सायं चार बजे तक बढ़ गया। हाँ उस समय बरसात ने अवश्य अन्तराल दे दिया था। श्मशान में अर्थी फूँकते समय काफी खाली समय मिलता है। लोग पूछते मिले—'कब निकल रहे हैं कनाडा?

अब किस-किसको क्या कहें? कहना पड़ता—'अभी वीजा नहीं आया है।'

'अरे!...भाई किसी एजेंट को सौंप देते काम। हज़ार पाँच सौ ले लेता। आप कहते हैं कि एक बार निरस्त हो गया...। एजेंट पहली बार में ही ओ.के. करवाता।

'और क्या।?...ज्यादा से ज्यादा दो नहीं तीन हज़ार लग जाते। अब तो तिगुना

चौगुना खर्च हुआ ना! है क्या कि इन एजेंटों का रोज का काम है तो ये सब कागज पहले ही फुलफिल कर लेते हैं...खामी रहने ही नहीं देते।'

'भाई साहब! पासपोर्ट के मामले में मैं एजेंटों के पैंतरे देख चुका हूँ। उनका काम भी भय और धोखे का माहौल बनाये रखकर चलता है।'—मैंने उन्हें सूचना दी।

वहीं भतीजे का भी फोन आ गया लन्दन से। उसने भी वीजा विषयक जानकारी ली, कहा कि दिल्ली देखो तो कि स्टेटस क्या है। अब समय ही कहाँ रहा है...।

जी और परेशान हो गया। अवसाद में भरा घर लौटा। नहा धोकर मोबाइल देखा तो उसमें एक एस.एम.एस. एल.एम. इन्फो का था कि—'अमुक नम्बर आवेदनवाला पासपोर्ट आपको ब्ल्यू डार्ट कूरियर द्वारा भेज दिया गया है। उससे सम्पर्क करें।' यह सन्देश टूटती उम्मीद के जुड़ने जैसा था। पंकज सुबीर ने भी बताया था कि उसके पास भी पासपोर्ट भेजे जाने का ही सन्देश आया था जिसमें वीजा लगा था।...मुझे अब राहत मिल रही थी। सर्वप्रथम नाई की दुकान पर पहुँच हजामत बनवाई। हमारे गाँवों का चलन है कि कहीं जाने की तैयारी करनी हो तो हजामत पहले बनवाते हैं।

शनिवार को कूरियर के ग्वालियर कार्यालय में सम्पर्क किया। पता लगा कि एक लिफाफा आया तो है महेश कटारे के नाम से। सायं तीन से चार बजे के बीच डिलेवरी होगी। अब मात्र कुछ घंटों की प्रतीक्षा थी...बस एक ही पेंच था कि पासपोर्ट तो आ गया, उसमें वीजा है कि नहीं; इसकी क्या गारंटी। राम-राम करते अढ़ाई बजे और पौने तीन पर कूरियरवाले ने साँकल खड़का दी (घंटी बरसों से बन्द है)। लिफाफा लेकर तेज हुई धड़कनों पर काबू पाते हुए कमरे में लौट लिफाफा खोला।...हाँ भीतर पन्ने पर नोट जैसा कुछ चिपका था। यही है वीजा...जिसके जारी होने का दिनांक 17. 7. 14 और समाप्ति की तिथि 25. 5. 2024 दर्ज थी। अब फिर से सन्देह जागा कि दस साल के लिए वीजा...? लोग तो बताते हैं कि कुछ महीनों या एकाध साल की अवधि रहती है। जो हो...पर है दस वर्ष के लिए। इस उदारता की कहानी तो कनाडा पहुँचने के बाद मालूम हुई थी।

दूर देश में हिन्दी पर्व

अमरीका व कनाडा में आयोजकों के भगीरथ प्रयास से ही यह सम्भव हुआ कि वीजा मिला। उन्होंने अपने सांसद के सामने स्थिति रखी तथा सांसद महोदय ने भी इस प्रकरण को प्राथमिकता के स्तर पर लिया। हमारे यहाँ तो साहित्य और संस्कृति को मनोरंजन के तौर पर लिया जाता है। हमारे प्रभुवर्ग की दिलचस्पी श्री अथवा फोर 'सी' में अधिक होती है। कनाडियन सांसद महोदय ने भारत स्थित कनाडा दूतावारा से जाने किस प्रविधि सम्पर्क साधा कि लेखक महाशय महेश कटारे दस वर्ष तक के लिए कभी भी प्रवेश योग्य ठहरा दिये गये। वीजा आया...मिला तो अब यात्रा के लिए मात्र दो दिन बचे हैं और हवाई यात्रा में टिकिट की सामान्य उपलब्धि नहीं है। हमारे यहाँ कहावत है कि 'गरीब के ढोटा (बेटा) की सगाई में सौ अंडस (अड़ंगे) होते हैं' पर एयर ट्रेवल में मुँहमागे मूल्यवाली व्यवस्था के तहत टिकिट भी हो ही गया। इस सुखद सूचना पर मेरी पत्नी ने (जो नहीं जानतीं कि कनाडा या टोरेंटो या स्कारबरो कहाँ है...है भी कि नहीं है किन्तु पतिदेव को जाना है हवाई जहाज से...सो कहीं न कहीं कुछ न कुछ तो होगा ही) कुछ देवताओं को बताशे चढ़ाए। अन्यत्र भी ग्यारह, इक्कीस, इक्यावनवाला प्रसाद चढ़ाया गया होगा। ऐसे अनुष्ठान वह प्राय: मुझ पर प्रकट नहीं करतीं।

पंकज के इंटरनेटी प्रयासों में कदाचित् पत्नी की प्रार्थनाओं का असर भी जुड़ गया होगा। कि आने जाने के टिकिट हाथ में हो गये। दिल्ली से एयर इंडिया लन्दन पहुँचाएगी और वहाँ से एयर कनाडा टोरेंटो। वापसी टोरेंटो से फ्रेंकफर्त (जर्मनी) एयर कनाडा द्वारा तथा फ्रेंकफर्त में ग्यारह घंटे लम्बी प्रतीक्षा के पश्चात् एयर इंडिया द्वारा दिल्ली। यह ऐसी राहत थी जैसे मुरझाई बेल को पानी मिल गया हो। तैयारी के लिए डेढ़ दिन और रात बची थी तथा किसी लेखक को किसी साहित्यिक, सांस्कृतिक आयोजन में शामिल होने के लिए औरों से अधिक तैयारी दरकार होती है—क्या बोलना है?...कैसे प्रस्तुत करना है तथा कैसा प्रभाव छोड़ना है उसका कोई ख़ाका मस्तिष्क में रहना चाहिए। मेरी मान्यता है कि लेखक विदेश में देश का

सांस्कृतिक प्रतिनिधि होता है। यह भी एक ऐतिहासिक सच है कि आर्थिक, राजनैतिक सम्बन्ध अपने-अपने हितों पर आधारित/निर्धारित होने से वैसी ही कम उम्र के होते हैं जब कि सांस्कृतिक सम्बन्ध सदियों प्रभावी रहते हैं। मैंने दो पुस्तकें साथ रखीं ताकि तत्काल कुछ देखा, पढ़ा जा सके। एक समस्या यह कि भार की सीमा निर्धारित है—20 कि.ग्राम। किसी अन्य बैग में साथ रखने के लिए तीन कि.ग्रा. वजन और मान्य है। मुझे सुझाव था कि विदेश में शाकाहारी भोजन की उपलब्धता सर्वत्र और सर्वदा नहीं होती अत: कुछ सूखे मेवे आदि जलपान सामग्री साथ ले जाना ठीक रहेगा। इसके चलते डेढ़ किलो सामग्री यूँ ही हो गयी। दो जोड़ा ऊनी कपड़े, दवाएँ व उनके साथ डॉक्टर का पर्चा रखने की हिदायत मिली क्योंकि अनेक दवाओं पर 'ड्रग' लिखा होता है। विदेश विशेषत: कनाडा, अमेरिका में भारत की तरह कोई भी गोली नहीं गटक सकते। बिना डॉक्टरी पर्चे के वहाँ जुकाम की दवा भी नहीं मिलती तथा जाँच की लम्बी प्रक्रिया है। ख़ैर मैंने तैयारी की जैसे कि कोई सिपाही मोर्चे के लिए तैयार होता है।

पंकज सुबीर से नयी दिल्ली रेलवे स्टेशन पर मिलना था। योजनानुसार हमें नयी दिल्ली स्टेशन से मैट्रो पकड़कर विमानतल तक जाना था। उड़ान अगले दिन सुबह थी पर उसके लिए तीन घंटे पहले पहुँचने का मतलब था ढलती रात चलकर भोर से पहले पहुँचना। अत: सोचा गया कि आधी रात विमानतल पर ही काट लेंगे।...पर शताब्दी गाड़ी अपने निर्धारित समय से आधा घंटा विलम्ब कर गयी तो उधर रात की अन्तिम मैट्रो को निकल ही जाना था। अब हमने टैक्सी से पहुँचना तय किया जिसने सात सौ की माँग की और छह सौ पर राजी हो गया। टैक्सी ने हमें 'इन्दिरा गाँधी अन्तर्राष्ट्रीय विमानतल के टर्मिनल-3 पर उतारा और टिकिट के सहारे हमें भीतर प्रवेश भी मिल गया।

अन्तर्राष्ट्रीय विमानतल की सीमा में प्रवेश करते ही लगने लगा कि हिन्दुस्तान पीछे छूट रहा है। साफ, चौड़ी, चिकनी सड़कें...नियोन लाइट्स की चमक जैसे आप भव्यता के शिखर की ओर बढ़ रहे हों। टर्मिनल के बाहर एक एजेंटनुमा व्यक्ति ने हमें टोका कि कोई सहायता चाहिए तो वह तत्पर है। उसके गले से परिचय पत्र जैसा कुछ लटक रहा था। अनजान यात्रियों से कुछ शुल्क लेकर ये लोग उसे बोर्डिंग पास दिलाने, अटैची कार्गो के लिए बुक करने, इमीग्रेशन, चैकिंग तथा मुद्रा अन्तरण तक में मदद कर देते हैं। कहाँ से क्या होता है यह हर यात्री नहीं जानता। रास्ता भी खूब लम्बा, घुमाव व उतार-चढ़ाव भरा होता है किन्तु पंकज को पहले से अनुभव था अत: उसने एजेंट को कोई भाव न दिया। भीतर पहुँच हमने एक जगह सामान जमाया। पंकज जानकारी लेने निकल गये। यहाँ हमारे जैसे और भी थे—एक पूरा परिवार जो आगरा-मथुरा के बीच या आसपास का लग रहा था बोली बानी से,

उन्होंने विमानतल पर बाकायदा एक पारिवारिक कोना बना लिया था। परिवार के लोग चादर बिछाकर किसी पिकनिक स्पॉट की तर्ज पर भोजन ग्रहण कर रहे थे। नथुनों में घुसती अचार, मसालों की गन्ध ने स्वाद और भूख का स्मरण दिलाया। यहीं नहीं इस परिवार ने फर्श पर सोने के लिए चादरें भी बिछा लीं। दो महिलाएँ अटैचियों से टिककर ऊँघती, जागती हुई रखवाली पर रहीं तथा पुरुष, बच्चे विधिवत सो लिए। कुर्सियों पर लेटकर पंकज ने भी नींद के दो घंटे निकाल लिए। मैंने बैठे-बैठे सोने का प्रयास किया पर सफलता न मिल सकी। सुबह चार बजे एयर इंडिया-115 की पट्टी चमकी तो हम लाइन में लग गये। यहाँ अटैचियाँ जमा हुईं जो चलित पट्टी के सहारे पीछे की ओर ओझल हो गयीं। बोर्डिंग पास मिला। आगे फिर से सुरक्षा जाँचवाले...पर हमारी सूरत पर ही कुछ ऐसा लिखा देखा कि एक दो स्थान पर हाथ फेरने की औपचारिकता निभाते हुए आगे बढ़ने का इशारा हो गया। इससे आगे पासपोर्ट वीजा की जाँच के पश्चात चेहरा देखकर शायद फोटो से मिलान हुआ। कन्धे का बैग, पर्स, मोबाइल, पैन, सिक्के आदि पहले ही परखतन्त्र की ट्रे में रखवाकर गुजारे जा चुके थे। इसके बाद एक भरापूरा बाजार था। ड्यूटी फ्री शॉप...किताबें, घड़ियाँ, कैमरा, मोबाइल, गारमेंट्स, सौन्दर्यप्रसाधन जाने क्या-क्या...? ऊँची कीमतों का चमाचम। हमें गेट क्र. 21 पर पहुँचना था जो काफी दूर लगा किन्तु इस आवाजाही को चलित पट्टियाँ बहुत सुगम बना देती हैं...खड़े हो जाइये और वह आपको आगे पहुँचाती जायेगी। गाँवों में तो इस प्रकार का तन्त्र कल्पना से परे है। पौराणिक वर्णनों में स्वर्ग के भव्य दृश्य—स्वर्णमंडित अट्टालिकाएँ, मोतियों की झालरें, स्फटिक के फर्श तथा मणियों के दीप पढ़े-सुने हैं किन्तु इतनी स्वचालित, वातानुकूलित सुविधा वहाँ भी नहीं। मैं इस समय लगभग देवताओं में शुमार था जो पुष्पकयान में सवार होने जा रहा हो...हाँ जागरण के कारण आँखों में जलन सिर में भारीपन था किन्तु यह सब तो देवों को भी भोगना पड़ता होगा जब असुर इन्हें खदेड़ते थे।

प्रातः साढ़े पाँच बजे देह को नित्यक्रियाओं का स्मरण हुआ। रात को चाय भी न पी पाई थी जो अब जरूरी लगी। मैं अपने और पंकज के लिए चाय का स्टॉल खोजने निकला। वह तो अच्छा हुआ कि अपनी किसानी आदत के अनुसार पहले भाव पूछ लिया। उत्तर मिला—'वन फिफ्टी रुपीज'

'क्या डेढ़ सौ ?—मैंने पुष्टि चाही'

'हाँ...'

अब दो चाय के लिए तीन सौ रुपये खर्च करना मुझे किसी स्तर की बुद्धिमानी न लगी...उल्टे पाँव लौट पानी पी-पीकर पेट ढीला करने का प्रयत्न किया। हाथ धोने के लिए वाशबेसिन पर टोंटी से पानी न निकला। मैंने दो तीन

टोंटियों को हिलाया, ठोंका। एक सहृदय युवा ने मेरी सहायता की—'टोंटी के नीचे हाथ कीजिए! ऐसे...' उसने करके बताया।...पानी झरने लगा। टोंटी खुलने बन्द होने का तन्त्र भी स्वचालित। हम हिन्दोस्तानियों के लिए यह अच्छा है क्योंकि अपने उपयोग के लिए हम खोल तो लेते हैं पर बन्द करना भूल जाते या जान-बूझकर छोड़ देते हैं। सार्वजनिक सम्पत्ति सहेजने के संस्कार ही हममें अभी तक विकसित नहीं हुए हैं। मैंने खूब लिखे-पढ़े लोगों को इस स्तर पर लापरवाह पाया है। वाशरूम से निकला तो वहाँ के एक कर्मचारी ने मुझे सादर सलाम किया। लगा कि यह कुछ पाना चाहता है। मन हुआ दे दूँ, पर जाने क्या सोचकर रह गया। छह बजे बोर्डिंग के लिए पंक्ति लग गयी। पहले बिजनैस क्लास के यात्रियों का प्रवेश...फिर विकलांग, वृद्ध बाद में इकॉनोमी क्लास (किफायती श्रेणी) वाले हम जैसे। अर्थात वे यात्री जिन्हें कभी विदेश राज्य मन्त्री रहे शशि थरूर ने 'कैटल क्लास' (मवेशी वर्ग) कहा था। एक घुमावदार गलियारे से होकर हम विमान द्वार पर पहुँचे। हमारी सीटें मध्यवाले खंड में थीं। आगे के इलीट क्लास के बीच से निकलते हम आने स्थान पर पहुँचे। खिड़की से बाहर देखा—धूप खिल आई थी। एयरपोर्ट के भीतर दिन और रात का पता प्रायः घड़ी के काँटों से ही लगता है क्योंकि बत्तियाँ वहाँ जलती ही रहती हैं। वैसे भी विद्युत न हो तो इस गुलशन का कारोबार ही थम कर रह जाए।

जो हो विमान सही समय पर उड़ लिया।...सीटें आधी से अधिक खाली थीं। मैंने पंकज सुबीर से कहा कि इसी कारण एयर इंडिया घाटे में रहती है। विमान के क्रू मेम्बर्स बड़ी आत्मीयता तथा मेहमान-नवाजी के साथ पेश आ रहे थे। कुछ ही देर में यह भी समझ लिया कि अगली सीट के पिछवाड़े अर्थात् मेरे आगे लगी टच स्क्रीन पर फिल्म देखी जा सकती है...गाने सुने जा सकते हैं। अफसोस कि पाँचवे, छठे दशक की स्वर्णिम फिल्मों की सूची निहायत छोटी थी। मेरा मानना है कि कम से कम दस फिल्में तो इन बीस सालों के बीच की होनी ही चाहिए। सन्देश और संगीतवाली फिल्मों का स्वर्णयुग रहा है यह! पर 'इंडिया' में तो अफ़सरों की पसन्द और जानकारी ही सर्वोपरि होती है। एयर इंडिया के ही अफ़सर इस पैमाने पर कमतर क्यों साबित हों। मुझे 'मधुमती' मिल गयी। सलिल चौधरी का लाजवाब संगीत है इसमें और वैजयन्तीमाला के झरने की तरह टूट पड़ते से नृत्य। मैंने फिल्म स्क्रीन पर ले ली। इसी बीच चाय कॉफी भी आ गयी।

कोई तीन घंटे बाद ड्रिंक आया—पी नट की पुड़ियाँ बाँटी जा रही थीं...मैंने दो ले लीं।

'सर ड्रिंक...'—पूछा गया।

'यस ह्वाई...नॉट सॉफ्ट।'—मेरे गले से अटकता हुआ अँग्रेजी उच्चारण

निकला। मैं लगभग घबराती स्थिति में था जब कि रात से ही सुनता आ रहा हूँ कि इधर 'यस' को 'या' बोलते हैं। हमें तो छठवीं कक्षा से प्रारम्भ हुई अँग्रेजी के मास्साब से लेकर 'ए.बी.सी. ऑफ इंग्लिश ग्रामर एंड कम्पोजीशन' की किताब तक ने 'यस' बोलना ही सिखाया था। 'लरिकाई को प्रेम कहो अलि कैसे छूटे'।

सर्व करते क्रू मेम्बर के होंठों पर मुस्कराहट चौड़ी हो गयी। शायद वह अँग्रेजी में मेरी हैसियत जान गया था। पूछा—'सिंगल ऑर टू?'

मैंने चेहरे पर गरिमा लौटाते हुए दो उँगलियाँ दिखा दीं अर्थात् दो।

दो उँगली दिखाने के पीछे एक वजह यह भी थी कि विमानतल के बाद में, मैं विमान में भी टायलेट गया था। यान में वाश के लिए पानी नहीं पेपर उपलब्ध होता है। पेपर से आप कितनी भी पोंछापाछी कर लें पर इस अहसास से मुक्ति नहीं मिलती कि कहीं कुछ न कुछ तो चिपका रह गया है। उससे राहत पाने का मुझे यही उपाय कोंधा कि वन नहीं टू।

उसने व्यावसायिक मुस्कान तथा कौशल से दो गिलासों में तरल उँड़ेलकर मेरे सामने खुली सीट मेज पर रख दिया। कुछ समय बाद शाकाहारी भोजन भी मेरे आगे आ गया। मुझे उमर ख़ैयाम की रूबाई का स्मरण हो आया—खजूर की छाँव हो, सुराही हो, माशूका हो और रोटी का टुकड़ा, तो दुनिया में और क्या चाहिए। माशूका को छोड़कर यहाँ मेरे लिए सब उपलब्ध था बल्कि कुछ अधिक ही। इस उम्र में पत्नी से इतर माशूका तो कहाँ मिलती है पर साथ चलने के लिए पत्नी ने भी कोई इच्छा या रुचि प्रकट नहीं की। हाँ विदेश यात्रा के स्थान पर कोई तीर्थयात्रा होती तो वह अवश्य साथ चलने को कहतीं।...मचलती माशूका ही है।

मेरे बगल की सीट पर बैठे यात्री ने एक खास परिवर्तन की ओर मेरा ध्यान दिलाया कि पहले एयर इंडिया में उद्घोषणा मात्र अँग्रेजी में होती थी, अब हिन्दी में भी होने लगी है। एन्ट्री तथा एक्जिट के नीचे भी प्रवेश, निर्गम लिख दिया गया है। उसके अनुसार यह मोदी का प्रभाव है...ये जो अफसर होते हैं ना! हवा के रुख पर चलते हैं।

हमारा यान निर्धारित समय से आधा घंटा पहले लन्दन के ऊपर आ गया अत: उसे उतरने की अनुमति नहीं मिली। शायद पट्टी खाली न थी...उसे लन्दन के ऊपर लगभग बीस मिनिट ठहरना पड़ा। इस अवधि में खिड़की से लन्दन देखने का अवसर मिल गया—महानगर की माँग जैसी नजर आती टैम्स नदी, दूर-दूर तक फैले उपनगर, खेत, बगीचे, भवन किसी लैंडस्केप से नजर आ रहे थे...बसाहट में योजनाबद्धता दिखाई दी।

हीथ्रो सचमुच ही अति व्यस्त विमानतल है। महाद्वीपों को जोड़नेवाले अनेक हवाई मार्ग यहीं होकर हैं। हवाई मार्ग का विशाल जंक्शन है हीथ्रो। व्यवस्था चुस्त

दुरुस्त और चौकन्नी। लगा कि हर कर्मचारी, अधिकारी सहयोग, सहायता के लिए उत्सुक है किन्तु जाँच परख में कहीं कोताही नहीं। भारतीयों की बड़ी संख्या दिखी जो हिन्दी, उर्दू समझते तथा बोल भी लेते हैं। मेरे बैग में नमकीन की थैली टटोलते हुए एक महिला अधिकारी (शायद पंजाबी परिवार से) ने हँसते हुए कहा था 'जी में आ रहा है, ये नमकीन मैं रख लूँ।' मैंने भी हँसकर कहा 'मुझे खुशी होगी।'

यहाँ से हमें एयर कनाडा की उड़ान क्र. 849 पकड़नी है...टर्मिनल-2 से। वहाँ तक पहुँचना भी इलैक्ट्रॉनिक संकेतों व पूछताछ के सहारे स्वचालित सीढ़ियों पर चढ़ा-उतरी, चलित पट्टियों पर खड़े होकर बहते हुए कस्बे जितनी लम्बाई पार करने की तरह था। आप किसी भी मोड़ पर किसी भी परिचय-पत्र अथवा वर्दीधारी से पूछ भी सकते हैं...वह सही मार्ग बता देगा। इस तरह हम उस द्वार जा लगे जहाँ से टर्मिनल-2 के लिए बस मिलनी थी। अधिक प्रतीक्षा नहीं करनी पड़ी—पाँचेक मिनिट में बस आई तो कांच के बन्द द्वार स्वत: खुल गये। यहाँ से बीसेक यात्री बस में चढ़े। टर्मिनल-2 के लिए हमें लन्दन का कुछ नगरीय भाग भी पार करना पड़ा। अब केवल पौने दो घंटे की प्रतीक्षा करनी थी। मैंने हीथ्रो पर उतरते ही घड़ी की सुइयाँ लन्दन के समय से मिला ली थीं। एयर कनाडा में चढ़ने व बैठने के बाद देखा कि यहाँ सारी सीटें भरी हुई हैं जब कि एयर इंडिया में आधी से अधिक खाली थीं गो कि एयर इंडिया आरामदेह सीट, मेजबानी तथा स्वादिष्ट भोजन के स्तर इससे इक्कीस ही लगी थी...बल्कि बाईस। बताते हैं कि किन्हीं दिनों कर्मचारियों की मगरूरी और रखरखाव का स्तर गिर जाने से यात्रियों ने इसकी सेवा लेने से परहेज रखना शुरू कर दिया था पर अब तो यह आगे है। एयर इंडिया को अपनी श्रेष्ठ सेवा का सन्देश और भरोसा लोगों तक पहुँचाना चाहिए ताकि विदेशी और भरतीय यात्री इसे अपनी वरीयता पर रखें।

स्थानीय समयानुसार मध्याह्न बाद 3:15 बजे टेक ऑफ हुआ। पूरे यात्रियों में कुछ ही भारतीय, पाकिस्तानी मूल के दिखे। परिचारक, परिचारिकाओं की अँग्रेजी मेरे पल्ले न पड़ रही थी पर वे अपने सेवागत अनुभव के तहत संकेत से हमारी जरूरत समझ लेते। यहाँ से यात्रा के बाद मैंने सेब-सन्तरे के जूस तथा चाय बिस्कुट के अलावा कोई खाद्य सामग्री न ली कि कहीं इसमें अंडा, माँस की कोई मात्रा न हो। ट्राली यहाँ भी घूम रही थी—कोला, जूस कदाचित् चार या पाँच किस्म की मदिरा।...आधे सफर के बाद क्रू मेम्बर मुझे ड्राई फ्रूट का छोटा-सा पैक पकड़ा गया—'वेजिटेरियन सर!'

अन्य कोई सामग्री न लेने के मेरे संकोच को सम्भव है वह भाँप गया हो। ऐसे यात्री भी उन्हें मिलते ही रहते होंगे।

6:00 बजे सायं हम टोरेंटो पर पहुँच गये। इधर आठ घंटे की उड़ान रही।

दिल्ली से चले 17 घंटे हो चुके थे। टोरेंटो पर अभी शाम का सूरज चमक रहा है। सूर्यास्त यहाँ नौ बजे बाद होना है। आज हमने पूरे 22 घंटे का दिन बिताया या जिया है। यहाँ स्टैंडर्ड समय भारत से 10 घंटे पीछे है।

ऊपर से यह शहर अति व्यवस्थित लग रहा है। सड़कें जैसे ज्यामिति के चतुष्कोष्ण, त्रिकोण खींचे गये हों। बीच में मीलों तक हरियाली के साथ बसाहट। रेंगते हुए चौपहिया वाहनों का सागर जैसा। एयरपोर्ट भी खूब बड़ा है...कर्मचारियों में हर चौथा-पाँचवाँ व्यक्ति चीनी मूल का नजर आता है। कुछ भारतीय मूल के लोग भी दिखे। लगेज की पट्टी का तीर-संकेत देखते हुए हम उस स्थान पर पहुँच गये जहाँ छोटे-बड़े रंग-बिरंगे बैग अटैचियाँ तीन स्थानों पर गोल घेरे में चक्कर काट रहे थे। एक जगह हमारा सामान मिला। पासपोर्ट, वीजा पर ठप्पा, जाँच के बाद हम एक अन्य विशाल प्लेटफार्म पर आए जहाँ डॉ. श्याम त्रिपाठी (सम्पा. हिन्दी चेतना) व उनके रिश्तेदार डॉ. हरीश शर्मा हमारी प्रतीक्षा में थे। उन्हीं से पता चला कि अवार्ड की सूत्रधार कवि कथाकार डॉ. सुधा (ओम) ढींगरा तथा ढींगरा फाउंडेशन का आधार बने डॉ. ओम ढींगरा भी अमेरिका से आ गये हैं।

क्योंकि कनाडा में क्रिकेट नहीं होता

यूँ अपने मेजबानों से हम पहले कभी आमने-सामने नहीं मिले थे...बस फोटो परिचय था। हम असमंजस में नीचे की ओर खड़े, लेने आए लोगों के बीच अपने हिस्से का चेहरा पकड़ने की कोशिश कर रहे थे कि एक व्यक्ति मेरी ओर संकेत करता दिखा। उनकी बगल में खड़े श्याम त्रिपाठी का चेहरा मैंने पहचान लिया। वह हाथ हिलाने लगे तो हम विमानतल की सीमा लाँघ नीचे की ओर उतरे। साथवाले प्रौढ़ सज्जन मेरा ट्रॉलीबैग थामने बढ़े। उम्र मे वह मुझसे अधिक थे अतः उनके आग्रह पर भी मैंने अपने बैग का हत्था उन्हें न पकड़ाया। यह एक दिन बाद जाना कि वह इंजीनियरिंग शिक्षा के अधिकारी विद्वान डॉ. हरीश शर्मा हैं—श्रीमती त्रिपाठी के बड़े भाई। इनका परिवार भी लन्दन से आकर टोरेंटो में बस गया है। वही अपनी कार लाये थे। भूतल के नीचे कार पार्किंग है—अलग-अलग सेक्टरों में विभाजित। इनकी कार जी सेक्टर में पार्क हुई थी और ये अब मार्ग चीन्हने में गड़बड़ा रहे थे। गले में विमानतल कर्मचारी होने का परिचय-पत्र लटकाए एक व्यक्ति से इन्होंने पूछा फिर काँच मंडित द्वार पार कर, चलित सीढ़ियों से नीचे उतर खासी दूरी तय करने के बाद हम 'जी' तक पहुँच गये। पार्किंग बहुत लम्बी है...बड़ी-बड़ी कारों से भरी...जानी-अनजानी बीसियों कम्पनियों के चौपहिया उत्पादन भरे खड़े थे पर कायदे और करीने से ताकि पार्किंग से निकालने अथवा पार्क करने में असुविधा न हो।

डिक्की में सामान जमाकर हम बाहर सड़क पर आए तथा थोड़ी ही देर में राजमार्ग पर जा पहुँचे जो कि भीड़भाड़ से निरापद रास्ता है। 'शहरवाले मार्ग पर इस समय ट्रैफिक बहुत होता है। हाई वे पर टैक्स जरूर लगता है पर समय की बचत हो जाती है।'—त्रिपाठी जी ने बताया। यह मार्ग या सड़कें नम्बर से जानी जाती हैं जैसे एच-44 या एन-69 आदि। त्रिपाठी जी चीनी जनसंख्या बहुल मार्कहम नगर में रहते हैं—टोरेंटो का एक हिस्सा ही मानिये। विमानतल से बस 40-45 किलोमीटर दूर। मुझे चाय की बड़ी तलब महसूस हो रही थी पर यहाँ मुझे अपने देश की तरह सड़क

किनारेवाले होटल, रेस्टोरेंट अथवा चाय के खोखे कहीं न दिखे। त्रिपाठी जी होटल की जगह हमें सीधे घर ले गये जहाँ ढींगरा दम्पति सबकी प्रतीक्षा में थे। लार्कस मेअर कोर्ट स्थित त्रिपाठी जी के आवासवाली लेन में भी तीन घरों को छोड़ सभी चीनियों के हैं। इनका पड़ोसी जर्मन है तथा सामने भारतीय परिवार।

घर में प्रवेश से पूर्व श्रीमती सुरेखा त्रिपाठी ने अक्षत कुमकुम के तिलक व आरती के साथ हमारा स्वागत किया। सम्पन्न आधुनिक देश के अति आधुनिक शहर टोरेंटो के मार्कहम में विशुद्ध भारतीय परम्परा का स्वागत पाकर मैं गद्‌गद और चकित था पर इससे भी अधिक सुरेखा (भाभी जी) के चेहरे पर स्वागत व आत्मीयता का जो उल्लास दमक रहा था वह किसी की भी स्मृति की धरोहर बन सकता है। कदम आगे बढ़ाया ही था कि सामने ढींगरा दम्पति थे। सुधा जी को भी मैं फोटो के आधार पर पहचान गया। लेखकों के बीच वैसे भी परिचय की औपचारिकता नहीं होती। एक दूसरे को पढ़ा होता है तो लगता है कि वर्षों से परिचित हैं। पंकज को सुधा जी ने बड़ी बहन की तरह भेंटा तो मुझे आत्मीयता में हाथ जोड़े। उनकी बगल में खड़े हल्की मुस्कान और विनम्रता से अभिवादन का आदान-प्रदान करते व्यक्ति का मैं लगभग अनुमान पा चुका था। परिचय पाने के ऐसे प्रसंग का 'रामचरित मानस' में बड़ा मनोरम उल्लेख है कि वन में ग्राम्य-स्त्रियाँ सीता जी से पूछ ही लेती हैं कि—

कोटि मनोज लजावनि हारे।
कहहु सुमुखि को आहिं तुम्हारे।।

सीता जी सीधे-सीधे नहीं बतातीं अपितु लोक-परम्परानुसार संकेत से उत्तर देती हैं—पहले तो वह बताती हैं कि भोले और गोरे शरीरवाले, सुन्दर मुखवाले मेरे छोटे देवर लक्ष्मण हैं और चूँकि लोक में यह प्रचलित है/था, कि पत्नी पति का नाम न ले तो तुलसी के काव्य-सामर्थ्य का कमाल देखिये—

बहुरि बदनु बिधु अंचल ढांकी।
पिय तन चितइ भौंह करि बाँकी।।
खंजन मंजु तिरीछे नयननि।
निज पति कहेउ तिन्हहिं सिय सयननि।।

सुधा जी को परिचय कराने की आवश्यकता नहीं पड़ी। विनम्र मुस्कान और चेहरे के प्रसन्न भाव से ही मैं जान गया कि यही डॉ. ओम ढींगरा हैं। त्रिपाठी जी चाय बनाने किचेन में पहुँच गये। बकौल सुरेखा भाभी वह बढ़िया कुक हैं...चाय बनाने में मास्टरी है। इसी तरह की चुहल, ठहाके कुशल-क्षेम के आदान-प्रदान में चाय समाप्त कर हमें होटल पहुँचाया गया। होटल मार्कहम में ही त्रिपाठी जी के आवास के निकट है—बस चार किलोमीटर की दूरी पर होटल 'मॉन्टे कार्लो'।

किसी चीनी व्यवसायी का लगता है क्योंकि यहाँ इसी मूल के कर्मचारी बहुतायत में हैं...उनमें भी महिलाएँ अधिक हैं...सुन्दर चीनी युवतियाँ। यूँ वो हैं जिन्हें हम 'गोरे' कहते हैं। हमारा सुइट नं. 419...चौथे माले पर...लम्बा चौड़ा...वातानुकूलित तो है ही पर कमरे में पीने के पानी का जग है न गिलास। हाँ एक आल्मारीनुमा किचन जैसा कुछ है जिसमें ओवन है...इलेक्ट्रिक हीटरवाली केतली है। दूध, चाय, कॉफी, सुगर की पुड़ियाँ और डिस्पोजल गिलास रखे हैं। डिजिटल चाबी पकड़ाकर रूम नं. बता दिया था। अपना सामान स्वयं ले जाइये। कार्ड में रूम सर्विस को कोई नम्बर नहीं है...हेल्प नम्बर अवश्य है। बीच में अन्तर देकर दो डबल बेड। शायद इसलिए कि एक पर बच्चे सो सकें। वाशरूम में पानी की व्यवस्था बेसिन पर हाथ मुँह धोने, शावर बाथ और फ्लश के लिए है...शौच पेपर से पोंछकर ही साफ करना होगा। शौच सफाई की कागज-व्यवस्था त्रिपाठी जी के घर में भी है। यूरोप, अमेरिका में बसे लोगों को इसका अभ्यास है पर मुझे तो नहीं ही है। एक दिन बाद मैंने इसका उपाय खोज लिया। हम भारतीय जुगाड़ में माहिर हैं...मैंने धोने की व्यवस्था कर ही ली।

पानी बार-बार पीने की आदत है—कैसे मिले? काउंटर (रिसेप्शन) पर जो चीनी या मंगोलियन युवतियाँ बैठी हैं वह ऐसी अँग्रेजी बोलती हैं कि मुझ जैसे उनसे कुछ कहने पूछने से बचने में ही अपनी भलाई मानें।

होटल के बाहर खूब बड़ा मैदान है जिसमें फूलों की क्यारियाँ और घास की हरियाली है। पार्किंग वाहनों से भरा है—वही चौपहिया...। जैसे दुपाहिया यहाँ इस्तेमाल ही न होते हों। किन्तु हर वाहन कतार में तथा निर्धारित रेखाओं के भीतर है। शोर न होटल के भीतर है न बाहर। मैंने दूसरे दिन रेस्टोरेंट में पाया कि लोग यहाँ बोलते नहीं फुसफुसाते हैं कि दूसरी टेबल तक आवाज न पहुँचे।

रात्रि भोजन त्रिपाठी जी के घर हुआ विशुद्ध उत्तर भारतीय रसोई में पंजाबी तड़का-भरवां भटे, दम आलू टुकड़े, दाल, जीरा चावल, भिंडी और पराँठा। साथ में अत्यन्त स्वादिष्ट गुलाबजामुन। क्योंकि मिष्ठ के बिना भारतीय भोजन पूरा नहीं होता। गृह स्वामिनी सुरेखा भाभी जन्मतः गैर भारतीय हैं—केनियाँ में जन्म...लन्दन में शिक्षा-दीक्षा फिर विवाह बाद कनाडा आकर शिक्षा क्षेत्र में रजिस्ट्रार पद से रिटायर। रिटायर्ड हैं, टायर्ड नहीं। चुस्ती, फुर्ती उत्साह देखते बनता है। हाँ, कहती हैं—थकावट आ तो जाती है। डॉ. सुधा (ओम) ढींगरा की (मुँहबोली) भाभी हैं, पर सगी जैसा व्यवहार है दोनों के बीच। सुधा जी ओम जी तो मनसा वाचा कर्मणा एक दूसरे के पूरक ही लगते हैं।

मेरे पास 25 जुलाई का पूरा दिन खाली है। प्रातः खूब प्रयास के बावजूद मैं चाय न बना सका। पतीली व ओवन दोनों इलेक्ट्रो...। मैं सदा ही नम्बरों में उलझ

जाता हूँ अतः चाय नीचे रेस्तराँ में ही पीने का विकल्प बचा। डॉ. ओम ढींगरा साथ थे। उनकी विनम्रता और सादगी देखकर लगता ही नहीं कि यह मेडीकल केमिस्ट्री के क्षेत्र का जाना माना नाम है।...आर्थिक स्तर पर भी खूब सम्पन्न। विषय को प्रस्तुत करने की क्षमता अनुकरणीय है पर दूसरे को सुनने में पर्याप्त रुचि दिखाते हैं। इंग्लैंड, अमेरिका में रहकर भी शाकाहारी तो क्या!... वैष्णव हैं। मेरे लिए खाद्य-पेय का चयन स्वयं किया। चाय भी बनाकर लाए। पानी का गिलास तक, क्योंकि रेस्टोरेंट में स्वयं सेवा है। शाकाहारी खाद्य-वस्तुएँ लाने के साथ वह उनके नाम गुण भी बताते जा रहे थे। यह भी कि अमेरिका, कनाडा में खाद्य की गुणवत्ता के साथ कोई छेड़छाड़ न सरकार बर्दाश्त करती है न उपभोक्ता। हर वस्तु का मानक निर्धारित है...उससे कमतर होने पर भारी जुर्माना व उत्पादन बन्द। बचने, निकलने की कोई खिड़की नहीं। पंकज सुबीर ने कई शाकाहारी वस्तुओं का जायका लिया। कथाकार के लिए अनुभव आवश्यक है।

पंकज, सुधा जी व ओम जी के साथ कार्यक्रम स्थल व व्यवस्था देखने, बनाने स्कारबरो चले गये। मैं टोरेंटो के पड़ौस में था...गाड़ी भी माँगने पर उपलब्ध। यह तो सच है कि एक दिन में किसी शहर को देखा नहीं बस छुआ जा सकता है। टोरेंटो कुछ माह पहले फिल्मों के 'आइफा अवार्ड' के आयोजन होने के क्रम में भारतीय मीडिया में खूब चर्चित रहा था। भारत में साहित्यिक अवार्ड पर मीडिया ध्यान नहीं देता वह भी अगर हिन्दी या अन्य भारतीय भाषाओं के लिए हो तो रस्म अदायगी जैसी कर दी जाती है। मेरे लिए इस अन्तर्राष्ट्रीय अवार्ड पर कुछ हिन्दी अखबारों में बस सूचना जैसी छोटी खबर लगी थी जबकि इसी ख़बर को अँग्रेजी अखबारों ने तीन कालम की बनाकर छापा था। ठीक भी है साहित्य कोई फिल्म क्रिकेट तो है नहीं जिसके सहारे नंगे, अधनंगे विज्ञापन या गॉसिप उगाहे जा सकें। जो है उस पर क्या किया जाये... हाँ अपने विषय पर आगे बढ़ें। तो मैंने यह शहर कल आसमान से देखा था। अंटोरिया राज्य की राजधानी टोरेंटो कनाडा के सबसे बड़े, प्रमुख नगरों में से है—देश की व्यावसायिक राजधानी...वैसे ही जैसे हमारे यहाँ मुम्बई। पर मुम्बई से दस गुना व्यवस्थित और बीस गुना स्वच्छ। हर धर्म व नस्ल के लोग रहते हैं। टोरेंटो विश्वविद्यालय विश्व के सबसे बड़े विश्वविद्यालयों में से है जिसका सर्वाधिक प्रतिष्ठित शिक्षा संस्थान है—'ट्रिनिटी कॉलेज'। इस विश्व विद्यालय ने कई नोबेल पुरस्कार विजेताओं को जन्म दिया है—इन्सुलिन के आविष्कारक जे.आई.आर. मेक्लीड, रसायनज्ञ जॉन सी. फॉलिगनी, राजनीति विज्ञान के जैन्सी ग्रॉस स्टेन तथा महान लेखक नार्थ्र ट्रायप फ्राई इसी से सम्बद्ध रहे। प्रसिद्ध खगोलशास्त्री हेलेन सांवर हॉग ने यहाँ अध्ययन किया था तो हृदय रोग निवारणार्थ पेसमेकर प्रणाली की खोज भी इसी विश्वविद्यालय से हुई थी।

भारत में सुपरिचित बाटा शू कम्पनी का विकास इसी नगर में हुआ। प्रत्येक व्यक्ति काम में व्यस्त नजर आता है यहाँ। यूँ ही सड़क पर टहलता हुआ कोई दिख जाय तो वह पर्यटक ही हो सकता है। जेराल्ड स्ट्रीट स्थित इंडियन मार्केट पहुँचते ही लगेगा कि भारत के किसी व्यवस्थित बाजार में आ पहुँचे। वस्तुओं के दाम एकदम फिक्स। रेस्तराओं से, होटलों से भारतीय, श्रीलंकाई, बांग्लादेशी व्यंजनों की सुगन्ध एक अलग ही पहचान देती है। किसी रेस्तराँ से निकलती भारतीय फिल्मी गाने की पंक्ति भी सुनाई पड़ जाती है। कम से कम हफ्ते भर का पूरा समय चाहिए इस शहर को देखने के लिए और उसके लिए मेरे पास गिनती के छह दिन...। उसमें एक दिन समारोह का...एक दिन टेलीविजन स्टूडियो में साक्षात्कार।...फिर यहाँ पहुँचकर विश्व प्रसिद्ध 'नियाग्रा फॉल' कौन न देखना चाहेगा? बल्कि वही मुख्य है-बाजार और ऊँचे-ऊँचे भवन तो अब सब दूर एक जैसे हैं। यूँ मेरे पास वीजा कार्ड के जरिये दो सौ डालर की छोटी-सी रकम थी पर उसे मैं बनाए रखना चाहता था—जाने कहाँ खर्च का जरूरी अवसर आ निकले। यूँ भी डालरवाले मूल्य को जब मैं रुपयों में बदलता तो महँगाई का अनुमान लगा दिल बैठ जाता।

रात को या कहना चाहिए गोधूलि बेला—पर यह भी गलत क्योंकि कनाडा में गो वंश की अवधारणा वह तो नहीं ही होगी जो भारत में है। तो सही यह होगा कि सायं 9 बजे हम सब फिर से त्रिपाठी जी के घर...डिनर के लिए। यहाँ भोजन में दही अवश्य शामिल होता है। सुरेखा जी कहती हैं—रिटायरमेंट के बाद त्रिपाठी जी दिनभर दही ही तो जमाया करते हैं। खाने के बीच हँसी चुहल में पंजाबी लहजा घूमता रहता हैं—ढींगरा परिवार तो पंजाब से है ही, कदाचित सुरेखा जी का शर्मा परिवार भी पंजाब मूल से है। लगा कि इधर आकर बसनेवाले भारतीय स्थानीय व्यवस्था से काफी सन्तुष्ट हैं। सुधा जी कहती हैं कि गीता का 'कर्मयोग' आप यहाँ आकर देखिए...काम किए बिना कोई नहीं खाना चाहता...। मैं स्वयं ही देख रहा था कि एक टेबिल पर खाना खाते हुए भी सब अपने जूठे बर्तन वाशबेसिन तक ले जाते हैं-(हाँ, यहाँ मुझे जरूर 'अतिथिदेव' बनाकर रख दिया गया है। अपना जूठा गिलास तक नहीं उठाने दिया जा रहा)। महिला हो या पुरुष, घर की साफ-सफाई, खाना बनाना, बर्तन धोने से लेकर कम्प्यूटर टाइपिंग, प्रोगामिंग, पढ़ना-लिखना सारा काम करते हैं। अभिनव शुक्ल भी आज आ गये थे—अमेरिका से। उम्र में चूँकि सबसे कम हैं अत: काम भी कर रहे थे, चहक भी रहे थे।

26 जुलाई की सुबह ओम जी ने हमें कमरे में चाय बनाकर पिलाई...सिस्टम समझाया कि ओवन खोलकर गिलास में पानी भर प्लेट पर रख दो और बन्द कर दो। उन्होंने कुछ बटन दबाए जिससे कुछ अंक उभरे प्लेट ग्लास को लिए गोल घूमने लगी। अंक जीरो पर आए तो उन्होंने गिलास निकाल लिया। अब उसमें पानी खौल

रहा था...चाय, कॉफी जो मिलाना हो...। दूध, चीनी की पुडियाँ रखी हैं तथा प्लास्टिक की सींकें। घुमाकर मिला लीजिए। सुधा जी अपने हथकम्प्यूटर पर व्यस्त थीं...चेहरे पर आयोजकीय तनाव। साहित्य के एक बहुत बड़े आयोजन का पहला वर्ष...पहला अवसर है ये।

नाश्ते पर रेस्टॉरेन्ट में आज अभिनव शुक्ल तो थे ही, अमरीका से कथा संग्रह के लिए अवार्ड पानेवाली सुदर्शन 'प्रियदर्शिनी' जी भी आ गयी थीं। उनके साथ उनकी 'सुदर्शन' बेटी भी थी। अनेक प्रकार के सामिष, निरामिष भक्ष्य भोज्य तो थे ही फलादि सहित। उठाइये और खाइये। दोपहर का भोजन 'मिष्ठान्न' नामक रेस्टोरेंट पर लेते हुए वहीं से स्कार बरो सिविक सेंटर पहुँचने की व्यवस्था थी।

'मिष्ठान' पर उसके संचालक ने हमारा स्वागत किया। यहाँ की भाव सूची के अनुसार रोटी 1 डॉलर व परांठा 3 डालर में है। चावल प्लेट 5 से 8 डॉलर तक सब्जी दाल 7 से 10 डालर आदि आदि। यदि पाँच छह लोग साथ हों तो 15 से बीस डालर के बीच स्वादिष्ट भोजन प्रत्येक के हिस्से पड़ जाता है। शायद यह किसी बंगाली परिवार द्वारा संचालित है। मिठाई, नमकीन, चाट, मसाले आदि के विक्रय की व्यवस्था भी है यहाँ। खूब आवभगत तथा आग्रह के साथ भोजन कराया गया। यहीं से सीधे आयोजन स्थल पहुँचना था। स्कारबरो के लिए मार्कहम से लगभग आधा घंटे का समय लगा। यहाँ काफी बड़े व्यावसायिक केन्द्र और बहुमंजिला इमारतें दिखीं। यूँ यहाँ आवासीय घर दो या तीन मंजिला तक होते हैं। रास्ते में कुछ निर्माणाधीन इमारतें दिखीं...जिनका पूरा ढाँचा लकड़ी का खड़ा किया गया था—चार पाँच मंजिल तक। इसी ढाँचे के बीच या साथ सीमेंट, गारा, ईंटें जमाकर दीवारें बनती हैं-हाँ नींव में क्रांक्रीट, लोहा, सीमेंट ही भरा जाता है। स्कारबरो भी नितान्त व्यवस्थित, हराभरा और स्वच्छ है। बताया गया कि इन शहरों की नगर पालिका(ओं) के पास बिलियन डालर्स का बजट रहता है जिसमें घपला कभी नहीं सुना जाता।

सिविक सेंटर विविध क्रियाकलापों का केन्द्र है—नगरपालिका/परिषद के अधीन। जिस हॉल में कार्यक्रम होना है उसका किराया आधा दिन के लिए सात हज़ार डालर है। स्थानीय आयोजकों ने नगर प्रशासन को कार्यक्रम के साथ जोड़कर 'टोकन मनी' की तरह न्यूनतम भुगतान किया है क्योंकि यह अन्तर्राष्ट्रीय साहित्यिक कार्यक्रम है। हॉल बहुत शानदार, ऐरीना थियेटर नुमा है जिसमें ऊपर से नीचे की ओर उतरते हैं—फर्श से लेकर सीढ़ियाँ, रेलिंग सब कुछ मोटे, मुलायम वस्त्र से मढ़ा हुआ;...बीच में अर्ध चन्द्राकार मंच। कुर्सियाँ या प्रेक्षक दीर्घा सीढ़ीनुमा ऊपर की ओर उठती हुई। दीवार पर भारत और कनाडा के झंडे लगे थे। यह देख मैं गौरव से भर उठा था। हमारे यहाँ साहित्यिक कार्यक्रमों में राष्ट्रीय ध्वज लगाने का प्रचलन नहीं

है। मंच पर अवार्ड विजेता, आयोजक एवं स्थानीय तथा प्रान्तीय नेतृत्व की उपस्थिति निर्धारित थी। नगर प्रशासन के कोंसुलर श्री चो राज्य सरकार की मन्त्रिपरिषद से सुश्री कैथलीन बिनी एवं स्कार बरों के सांसद निर्धारित समय पर आ पहुँचे थे। भारतीय कोंसुलर श्री अखिलेश मिश्र कहीं व्यस्त होने के कारण नहीं आ पाये थे, वह दूसरे सत्र में पहुँचकर सम्मिलित हुए।

संचालन पंकज सुबीर को सौंपा गया। कार्यक्रम के आरम्भ में सुश्री शैली गिल के साथ दोनों देशों का राष्ट्रगान हुआ। मैंने देखा कि प्राय: सभी लोग सुर मिला रहे थे अथवा जो भारत का राष्ट्रगान नहीं जानते थे वे सम्मान देते हुए खड़े थे। सर्वप्रथम मुझे बुला कर शाल, श्री फल, सम्मान-पत्र, प्रतीक चिह्न, सम्मान राशि भेंट की गयी। उसके बाद सुदर्शन 'प्रियदर्शिनी' जी के लिए यही क्रम चला। प्रोफेसर हरिशंकर 'आदेश' अस्वस्थता के कारण अमेरिका से न आ सके थे...उनके पुत्र और पुत्रवधू ने यह सम्मान ग्रहण किया। दो राष्ट्रध्वजों की छाया में मिला यह अवार्ड मेरे जीवन की अमूल्य निधि बना रहेगा। अवार्ड के समय स्कार बरो का वह हाल तालियों से गड़गड़ा रहा था...गूँज रहा था। लोग शामिल होने 80-100 किलोमीटर की दूरी तक से पहुँचे थे। हिन्दी ही नहीं अन्य भारतीय भाषाभाषी- पंजाबी, तमिल, मलयाली, बंगाली, गुजराती, असमी प्राय: सभी भाषाओं के लोग उत्साहपूर्वक समारोह का हिस्सा बने। ग्वालियर में रहीं श्रीमती नीतादास अपने चित्रकार पति और पुत्री के साथ आई थीं तो जालोन के श्री मिश्र सपत्नी के उपस्थित थे। विश्वविद्यालय के प्रोफेसर छात्र भी वहाँ पहुँचे जो हमारे यहाँ कम ही देखते को मिलता है। जब तक कार्यक्रम व्यक्तिगत लाभ-हानि के स्तर पर न जुड़ा हो, हमारे प्रोफेसर, छात्र शामिल होने की ज़हमत नहीं उठाते। कनाडा में साहित्य, संस्कृति प्रेमियों का ऐसा जुटाव उम्मीद तो बँधाता ही है। कवि, कथाकार, कलाकारों की खासी संख्या थी जिनमें से कुछ अँग्रेजी व अन्य भारतीय भाषाओं में लिखते हैं। इसीलिए मैंने अपने धन्यवाद वक्तव्य (अँग्रेजीवाले कार्ड में इसके लिए 'थेंक यू नोट' लिखा था) में 'हिन्दी चेतना को सभी भारतीय भाषाओं की 'सामासिक चेतना' कहा था। वहाँ किसी पर्व जैसा उल्लास था इसलिए मैंने आयोजन को भी 'पर्व' कहा।

स्वल्पाहार के लिए अन्तराल के समय अनेकानेक पुरुष, महिला, बच्चे हमारे साथ फोटोग्राफ खिंचाने को उत्सुक थे, कुछ युवा युवतियों ने ऑटोग्राफ लिए। ये अधिकतर विद्यार्थी थे। कुछ बड़ों के साथ बच्चे भी मुझे अपने मोबाइल कैमरों में लिये जा रहे थे...बच्चों के लिए मैंने कुछेक को फोटो खींचते पाया...यहाँ भी वेशभूषा ही हेतु रही होगी। बहरहाल मैं चाय पीने को उत्सुक था पर स्टाल तक न जा पा रहा था।...लोग घेर ले रहे थे। एक मित्र जो किसी टी.वी. से थे...मुझे एक कोने

की ओर खींच ले गये तथा मेरे उपन्यास के बारे में संक्षिप्त जानकारी व छोटा-सा वक्तव्य लिया।

ज्ञात हुआ कि टोरेंटों में दैनिक, साप्ताहिक मिलाकर 7 हिन्दी तथा 9 पंजाबी के अखबार निकलते हैं। दो टी.वी. नेटवर्क हैं। एक महिला अपने बच्चों के साथ आई, बच्चों ने मेरी धोती छूकर देखी। उनकी माँ समझा रही थी—'इंडियन ड्रेस'। कुछ उपन्यास खरीदना चाहते थे कि 'क्या यहाँ मिलेगा?' सोचा था कि उपन्यास पर पूरा वक्तव्य दूँ पर निर्धारित कार्यक्रम के भीतर इतना समय नहीं था। 'फार ईस्टर्न बुक्स' के जनरल मैंनेजर वीरेन्दर मलिक मुझसे 'कामिनी काय कान्तारे' का प्रकाशकीय पता व फोन नम्बर माँग रहे थे जो दोनों ही पूरे याद नहीं हैं मुझे। मैंने उनसे श्याम त्रिपाठी जी से सम्पर्क करने को कह दिया कि मेरा उपन्यास है उनके पास, जिसमें सबकुछ मिल जाएगा। कुछ ने अपने घर ले जाने की इच्छा प्रकट की...रहने का ठिकाना पूछा कि 'कब तक हैं'...'कहाँ रुके हैं? पर सारा कार्यक्रम इस प्रकार पूर्व निश्चित था कि अतिरिक्त समय न आयोजकों के पास था, न मेरे लिए कहीं अवकाश बनता था।

हाल के भीतर से दूसरे सत्र के लिए भीतर आने की उद्घोषणा होने लगी। मुझे फिर से मंच पर होना है और कोई न कोई छेंक ले रहा है। मैंने वहीं परिचय पाए सिंह साहब (जो मेरे लिए चाय भी लाऐ थे तथा शहर के सुदूर छोर से आकर सम्मिलित हुए थे) से पूछा कि आज तीन दिन हो गये। मैंने यहाँ किसी को बैठे-ठाले गप्पें मारते नहीं देखा...सब अपने में या अपने काम में व्यस्त लगे फिर भी आपने आज का रविवार साहित्य को दिया...समय निकाला कैसे?

'कोई नहीं जी!...क्योंकि कनाडा में क्रिकेट नहीं होता सो निकल आया समय। समय को खानेवाला क्रिकेट से बड़ा कोई नहीं।'...उन्होंने ठहाका लगा दिया।

यह शायद हमारी मानसिक बनावट पर उनकी अनायास टिप्पणी थी। ब्रिटिश उपनिवेश कनाडा भी रहा है पर अब वह अपने भूतपूर्व प्रभुओं की गुलामी में उस कदर नहीं जितना 'इंडिया' है। क्रिकेट लार्ड्स का खेल है...सामन्तों का, जिन्हें श्रम करके न कुछ बनाना है, न कमाना है। बस आरामदेह केबिन में बैठ ड्रिंक और ड्राईफ्रूट्स के साथ समय कुतरना है। क्रिकेट की पूरी संरचना ही अभिजात के उच्चता बोध पर टिकी है। हॉल के भीतर से बुलाहट तेज हुई तो हम फिर अपने आसन पर थे।

दूसरे सत्र का संचालन कवि अभिनव शुक्ल ने किया तथा अध्यक्षता श्री रामेश्वर काम्बोज 'हिमांशु' ने की। वह अपने पुत्र के पास उस समय टोरेंटो में ही थे जो वहाँ किसी प्रतिष्ठित कम्पनी/संस्थान के जॉब में है। इसमें सर्वप्रथम डॉ. सुधा ओम ढींगरा की काव्यकृति 'सरकती परछाइयाँ' का लोकार्पण हुआ। उनके कथा-

संग्रह का असमी अनुवाद भी जारी हुआ। भारतीय कोंसुलर श्री अखिलेश मिश्र ने हिन्दी में लम्बा किन्तु सारगर्भित वक्तव्य दिया। सुधा ओम ढींगरा सहित अतिथि कवियों के साथ स्थानीय कवियों ने भी अपनी कविताएँ सुनाईं। सायं 6:30 बजे श्याम त्रिपाठी जी के आभार प्रदर्शन के साथ अवार्ड समारोह सम्पन्न हुआ। डिनर के लिए हमें सीधे यहीं से स्कारबरो के एक प्रसिद्ध भारतीय रेस्तराँ में ले जाया गया। वहाँ सायं साढ़े सात बजे, जबकि सूर्यास्त होने में अभी डेढ़ घंटे से अधिक शेष था तब इतनी भीड़ कि लगभग आधे घंटे खड़े रहकर हमें टेबिल खाली होने की प्रतीक्षा करनी पड़ी। यह रेस्तराँ कम बार है—सामिष, निरामिष दोनों प्रकार के भोजनवाला/ हॉल की एक दीवार के सहारे बार का काउंटर है किन्तु हमारे दल में सभी वैष्णव थे या वैष्णवीमुद्रा में। 9 बजे जब सूरज अपनी किरणें समेट रहा था तब रेस्तराँ आधे से अधिक खाली हो चुका था। लगा कि 10 बजे यह बन्द हो जाता होगा। रात के लिए पानी की बोतलें लेते हुए हम अपने होटल के लिए निकल आए।

27 अगस्त हमें विश्वप्रसिद्ध नियाग्रा जलप्रपात घूमने के लिए तय था। प्रात: नौ बजे तक तैयार रहने के लिए कह दिया गया था। मैं खूब रोमांचित था भीतर ही भीतर...। पहाड़, समुद्र और वन मुझे यूँ भी आकर्षित करते हैं। सिंह राशिवाला होने के चलते वन और पहाड़ों का आकर्षण तो संगत लगता है पर समुद्र के प्रति रुचि का कारण?...क्या पता समुद्र में कोई सिंह-मत्स्य होता हो। जल के नीचे पाताल लोक तो पुराणों में है ही, जलपरियों से जुड़ी अनेक कथाएँ विश्वसाहित्य में दर्ज हैं। जो हो मैंने कब सोचा था कि धरती के लगभग दूसरे छोर से पहुँचकर नियाग्रा को देख सकूँगा। हाँ चित्र देखे थे। मैं अपने मध्यप्रदेश के धुआँधार और चचाई जल प्रपात पर ही मुग्ध होता रहा हूँ। गंगा की घाटियाँ जुरासिक पार्क फिल्म की घाटी से अधिक खूबसूरत लगती रही हैं। अब इसे संयोग कहिए अथवा पाँच वर्ष तक जोगियों, अवधूतों की खोज और उनके प्रसाद का फल कि 'कामिनी काय कान्तारे' के बहाने नियाग्रा के निकट आ पहुँचा था।

पिछले तीन दिन की निरन्तर भागदौड़, चिन्ता, चिन्तन, एवं उससे भी पहले महीनों से आयोजकीय दवाब के बाद श्याम त्रिपाठी थोड़ी अस्वस्थता अनुभव कर रहे थे। कदाचित यह वैसी ही राहत भरी थकान होगी जैसी हम शादी-ब्याह निपट जाने पर अनुभव करते हैं। उनकी जिम्मेदारी श्रीमती सुरेखा त्रिपाठी ने सँभाली। अभिनव शुक्ल तथा सुदर्शन प्रियदर्शिनी जी को एयरपोर्ट छोड़ा जाना था। नाश्ते पर रेस्टोरेंट में हम सब मिले। प्रियदर्शिनी जी की सुदर्शन पुत्री हिन्दी जानती समझती हैं। कम, नपा-तुला बोलने में भी बुद्धिमत्ता झलकती है उनकी। सुरेखा जी इन्हें विमानतल पर छोड़ने अपनी गाड़ी लेकर आई थीं। लौटते हुए उन्हें सुधा जी को घर ले जाना था क्योंकि वह भी अस्वस्थ अनुभव कर रही थीं—वही आयोजकीय चिन्ता

और थकान। डॉ. ढींगरा का भी हमारे साथ जाना संशय में पड़ गया क्योंकि वह सुधा जी को अकेला नहीं छोड़ना चाहते थे।...फिर सुधा जी ने ही अन्हें आश्वस्त किया कि वह भाई (त्रिपाठी जी) के घर चली जाएँगी तथा ओम जी को हमारे साथ रहना चाहिए।

हमारे वाहक हिन्दी सेवी माधव जी उपाध्याय आ पहुँचे थे... पी कैप लगाए छह फुटा कद, हँसमुख, स्वस्थ। रास्ते में पता चला कि उम्र का इकहत्तरवाँ चल रहा है पर चुस्ती ऐसी कि हज़ारों नौजवान ईर्ष्या करें। भारत के बारे में जिज्ञासा से भरे हुए। सुरेखा जी ने साथ में दिन-भर के लिए खाद्य सामग्री रख दी थी—आलू के परांठे, सब्जी, अजार, मिठाई, बिस्किट, फल, पानी की बोतलें। हाँ चाय का थर्मस नहीं था जिसकी हम भारतीयों को समय-बेसमय तलब उठती रहती। वैसे चम्मच, प्लेट से लेकर हथपोंछा कागज तक रख दिया गया था। दस मिनिट में हम हाइवे पर आ गये। मैं गौर से देखता जा रहा था—सड़क पर बस, कारें या अन्य वाहन...। दो पहिया वाहन भी नहीं। पचास किलोमीटर तक की यात्रा में सड़क किनारे चलता बस एक आदमी दिखा था। पक्षी तो खैर उड़ते मिले पर पशु के नाम पर कुत्ता तक नहीं। बड़ी-बड़ी ऑफिसों के बाहर कतारों में कारें तो खड़ी थीं पर आदमी का सिर न चमका। अपने यहाँ तो हाजिरी के हस्ताक्षर निपटाकर कर्मचारी बाहर निकल चाय पान की गुमटियों पर आकर गप्पें, ठोंकते, बहस करते, डील करते दिखाई देते हैं। कुर्सी पर बैठते ही भगवान हो जाता है कर्मचारी, जैसे फाइल नहीं तकदीर उसके हाथ में हो। शासन का क्या भय? वह तो कर्मचारी स्वयं है। ट्रांसफर के अलावा उसका कोई कुछ नहीं उखाड़ सकता। जनता की क्या बिसात?...यह अलग बात है कि कुर्सी से उठते ही वह स्वयं जनता होता है। उसे सिपाही पाठ पढ़ा सकता है...मुहल्ले अथवा गली का गुंडा नसीहत दे सकता है। उसे भी किसी दूसरे कर्मचारी, डॉक्टर, दूधियों, सब्जीवाले, मकानमालिक, नगरपालिका, नेता वगैरा-वगैरा से यथायोग्य आदर-सत्कार निभाना पड़ता है। उसे उसी विनय और कृतज्ञता से शुकराना अदा करना पड़ता है, जैसे वह स्वयं ग्रहण करता है। यद्यपि एक सीमित मात्रा में यहाँ भी ऐसे योग्य, ईमानदार कर्मचारी हैं जिनकी सौगन्ध के बल पर प्रशासन का धराधाम टिका हुआ है।

स्कारबरो और मार्कहम के बीच मुझे रिलायन्स की बहुमंजिला इमारत दिखी तो लगा कि यहाँ व्यापार में भारत का भी दखल है। यों टोरंटो में कुछ भारतीयों के होटल भी हैं कुछ गैरेज और पेट्रोल पम्प भी, पर चीनियों की तुलना में काफी कम। मौसम साफ होने के कारण नियाग्रा पर अपेक्षाकृत अधिक भीड़ थी। पूरा नियाग्रा टाउन पार कर पार्किंग स्थल पर पहुँचे। ऑटोमैटिक गेट तब खुलता है जब आप बीस डालर का कूपन (पार्किंग शुल्क) ले लेते हैं। अपने यहाँ दिल्ली मेट्रो की

तरह। दोपहर के डेढ़ बजे थे। तय हुआ पहले भोजन से निवृत्त हुआ जाए। दो थैलों में सामग्री थी...मैं अपना थैला कन्धे पर लटकाए था। एक बगीचे के खूबसूरत लॉन में पेड़ के नीचे स्थान-स्थान पर मेज कुर्सियाँ लगी थीं। यह पार्क शायद खाने-पीने के लिए ही निर्धारित है। हमारे पास ही एक पेड़ तले 12-14 लोगों का चीनी परिवार रेगजीन किस्म के छोटे-छोटे फर्श बिछाए जमीन पर फैला था। दो महिलाएँ गैस स्टोव पर मछलियाँ तल रही थीं। शायद यह मछली पकौड़ा जैसा कोई व्यंजन होगा। वैसा ही माहौल जैसा हमारे यहाँ किसी पिकनिक स्पॉट पर अवकाश के दिन 'गोठ' का होता है। खैर ओम जी और माधव जी ने मेज पर भोजन लगाया। मैं दृश्य देखने में डूबा था। हमारे सामने नियाग्रा फॉल और बाईं ओर क्लिंफ्टन हिल—पेड़ों वनस्पतियों से लदा हुआ। ऊपर से नीचे तक लटकती बेलें। यहाँ कोई सार्वजनिक स्थल से फूल पत्ती तोड़ता नहीं दिखता। क्लिंफ्टन के किनारे पर गगनचुम्बी होटल। विश्व की सभी बड़ी होटल श्रृंखलाओं से। स्काई लोन टॉवर तो सबसे ऊँचा है। एक खम्बे पर ठहरीं कई मंजिले। रिवाल्विंग डाइनिंग रूम, समिट सुइट, ऑब्जर्वेशन डेक, जाने क्या-क्या। आधुनिकता के साथ प्रकृति का संरक्षण कोई यहाँ आकर देखे। आसमान में बादलों के बीच से कभी-कभी तीखी धूप निकल आती थी। खाने के बाद सब वेस्ट समेट कर एक थैले में भरा गया। ओम जी उसे कूड़ेदान में डाल आये। पार्क में हमारे यहाँ जैसा नहीं कि कहीं पत्तले बिखरी हैं तो कहीं प्लास्टिक के गिलास उड़ रहे हैं...यत्र-तत्र जूठन फैली है...आप खा रहे हैं और आपसे दो फुट की दूरी से कुत्ते टुकुर-टुकुर ताक रहे हैं। यहाँ खाने के बाद लोग टेबल साफ कर देते हैं ताकि आनेवाले को घिन न महसूस हो। बस इसके बाद हमने नियाग्रा का छोर पकड़ा। ऊपर से नीचे गिरती नदी का विलक्षण दृश्य...नीचे जल का धुआँ। सैकड़ों फुट नीचे बहती नदी में आते-जाते फेरीवाले बोट जो फॉल के ऐन नीचे, पास तक ले जाते हैं। उस पार अमेरिका है। नियाग्रा का एक तिहाई फॉल उसकी सीमा में भी है। दरअसल प्रपात से पहले नदी दो भागों में बँट जाती है और वफलों शहर के किनारे से होकर प्रपात बन फिर से मूल धारा में मिल जाती है। यहाँ कनाडा अमेरिका को जोड़ती सड़क है और रेन्बो पुल। इधर कनाडा में मेरीनलैंड है—मनोरंजन का पूरा गाँव-वाटर पार्क, क्रिस्टल केब्ज, मूवीलैंड, थिएटर, स्काई स्क्रीमर, स्काईव्हील जाने क्या-क्या? मुझे लगता है कि नियाग्रा का पूरा मजा लेने में कम-से-कम पाँच दिन चाहिए और जेब में दस हज़ार डालर तो हों ही।

पंकज दनादन फोटो लिए जा रहे थे...सैकड़ों फोटो लिए होंगे उन्होंने-अपने, हमारे और नियाग्रा के दृश्यों के। यहाँ लोग ब्याह भी रचाते हैं—हमारे सा़मने ही किराये की शाही बग्गी से एक जोड़ा उतरा और छोटे से दल के साथ वहीं बने एक छोटे से गिरजाघर में चला गया। हमने उस विक्टोरियन बग्गी के फोटो भी उतारे

जिसे दो सुन्दर बालाएँ हाँक रही थीं। ओम जी हमारे लिए गाइड की भूमिका निभा रहे थे...मैंने पूछा तो नहीं पर लगा कि वह यहाँ पहले भी आ चुके हैं। यूँ भी उनकी जानकारी से आश्चर्य होता है—अमेरिका, कनाडा, ब्रिटेन या यूरोप की संस्कृति और ऐतिहासिक प्रभावों, सामान्यताओं, विरोधाभासों का वह तार्किक विश्लेषण प्रस्तुत करते हैं। उन्होंने अमेरिकन, कनाडियन घरों व ब्रिटिश बँगलों के बारे में भी एक ऐसा ही निष्कर्ष प्रस्तुत किया। ब्रिटेन और अमेरिकन व्यावसायिक पद्धति का अन्तर बताया। अपनी तार्किकता में वह शायद ही कभी आक्रामक दिखे हों पर यह भी सच है कि इस स्वभाव का व्यक्ति जब आक्रामक होता है तब आरपार की लड़ाई तय होती है।

नियाग्रा के ऊपर नदी का पाट एक किलोमीटर से अधिक चौड़ा है पर उथला...क्योंकि उसमें घोड़ों के घुटनों से नीचे ही था पानी...गो बहाव अपेक्षाकृत तेज दिखता है पर उतना नहीं जितना हमारी पहाड़ी नदियों का है। यहाँ घुड़सवारी का लुत्फ भी लिया जा सकता है—बच्चों के लिए डेढ़ घंटे का शुल्क 60 डालर है तो बड़ों के लिए 160 डॉलर 2 घंटे तक। यदि आप अपनी स्पीड के साथ गाइड चाहें तो एक घंटे के 70 व 2 घंटे के लिए 125 डालर। किसी विशेषता को बाजार के साथ जोड़ने की कला में माहिर हैं यहाँ के लोग। नियाग्रा फाल और धारा के साथ-साथ चलते हुए हमने विभिन्न स्थान, मोड़ों से उसकी सुन्दरता का आनन्द लिया। थकान होने लगी थी—एक स्थान पर सुस्ताएँ...फिर दूर से नियाग्रा को देखा और क्लिंफ्टन हिल के विक्टोरिया एव वाली सड़क पकड़ ली। यहाँ पुकारता, चीखता बाजार है...चौंधियाता, लुभाता हुआ। इसमें घुस जाओ तो कसकर पकड़ने के बावजूद पैसे हाथ से सरक जाते हैं। मैं थक भी चुका था...हम बाजार के शिखर से उतर लौट चले। साँझ ढलने लगी थी। घटाएँ गहरा गयी थीं...हम लौट लिए। कुछ समय में ही हम हाईवे पर थे जहाँ सौ किलोमीटर से रफ़्तार कम ही नहीं होती। हमारी गाड़ी तो खैर 110-120 के बीच दौड़ रही थी। रास्ते में बूँदें पड़ने लगी। स्कारबरो से पहले ओलों की बौछार आई तो 70 वर्षीय युवा माधव जी ने गाड़ी एक पार्किंग में ले जाकर खड़ी कर ली। सड़क पर या किनारे (कहीं भी) गाड़ी खड़ी नहीं की जा सकती। सड़कों के किनारे कॉलोनियों में भी उतनी ही खुली भूमि रहती है ताकि हरियाली रहे और और पानी जमीन में धँसता रहे। इससे वाटर लेबल कभी कम नहीं होता। पर जब हम चले तो एक स्थान पर सड़क पर पानी भरा था जिराने दिल्ली, मुम्बई की याद दिला दी। गो कि यहाँ प्राकृतिक नालों को दूर-दूर तक खुला और सीवर मुक्त रखा जाता है। रात्रि दस बजे के बाद हम त्रिपाठी जी के घर पहुँचे। खाने के लिए सभी प्रतीक्षा में थे। आधी रात के कुछ ही पहले हम बिस्तरों पर पहुँच पाये। बूँदाबाँदी जारी थी...ठंड बढ़ गयी थी।

अगले दिन एशियन टेलिविजन नेटवर्क के स्टूडियो पहुँचना था। समय दोपहर 11:30 बजे तय था जो बढ़कर मध्याह्न उपरान्त दो बजे तक पहुँच गया। उस पर यह कि रोजे के दिनों बाद ईद होने से वहाँ के सभी प्रमुख टेक्नीशियन अवकाश पर थे। हम लोग श्री रामेश्वर काम्बोज के पुत्र की गाड़ी में ए.टी.एन. बिल्डिंग पहुँचे। पुत्र का नाम है—राहुल। यहाँ टोरेंटो में कम्प्यूटर इंजीनियर हैं। राहुल बता रहे थे कि यहाँ कम्प्यूटर इंजीनियर से अधिक सुविधाजनक जॉब सिटी बस ड्राइवर का है—निर्धारित समय का काम, भरपूर वेतन भत्ते, आवास सुविधा, बीमा, चिकित्सा, अवकाश सहित अनेक काम। बताया—भारत के कुछ साथी इंजीनियरी छोड़कर बाकायदा ड्राइवरी कर रहे हैं। मिले तो अनेक करने को तत्पर हैं। हम लोगों की उपस्थिति का ए.टी.एन. ने भरपूर लाभ उठाया तथा मुझ सहित सुधा ढींगरा, श्याम त्रिपाठी, रामेश्वर काम्बोज और पंकज सुबीर से इंटरव्यू रिकार्ड किये। श्रीमती कान्ता अरोड़ा इस नेटवर्क में उच्चाधिकारी हैं तथा साहित्य संस्कृति की जानकार भी। सभी इंटरव्यू उन्होंने किये। जाहिर है यह पूरा दिन इसी में गया। आश्चर्य कि इस नेटवर्क में मानदेय की व्यवस्था नहीं है। इसलिए कह सकता हूँ कि हमें तो नहीं मिला। शायद यह एक शुद्ध व्यावसायिक चैनल है जो एशियाई देशों के दर्शकों को आधार बना अपना व्यवसाय करता है। प्रतीक्षा कक्ष में ढेर सारे अतिथियों के फोटो लगे हैं जिनमें रेखा, लता जी, ए.आर. रहमान, कमल हासन आदि सेलिब्रिटीज के साथ चैनल के एम.डी. (शायद मलिक) के फोटो टँगे हैं। यह स्टुडियो अरबों नहीं तो पचासों करोड़ का तो होगा ही और सुना गया कि यह सब इसके भारतीय मूल के मालिक ने एक दशक की मेहनत, बुद्धि और कौशल से बनाया है।

यहाँ से हम सीधे होटल पहुँचे एवं वहाँ हाथ-मुँह धोकर एक दक्षिण भारतीय रेस्तराँ में पहुँचे जहाँ अपनी पसन्द के अनुसार सादा डोसा, मसाला डोसा, रवा मसाला डोसा ओनियन डोसा, का डिनर किया। भीड़ यहाँ भी बहुत थी जब कि रुक-रुक कर पानी बरस रहा था। रेस्तराँ में भारतीय, चीनी, कनाडियन कर्मचारी बोलते अँग्रेजी हैं पर हिन्दी संकेतों को समझ लेते हैं। खैर हमें भाषा समस्या नहीं थी—कनाडियन, अमेरिकन, नागरिक साथ ही थे। बाहर निकले तो वातावरण में शीत घुल गया था। हवा चल ही रही थी। मैंने अपने थैले में मफलर रखा हुआ था (जिसे यहाँ स्कार्फ कहते हैं) कानों पर लपेट मैंने स्वयं को सुरक्षित किया। रात के 11 होने को थे, यद्यपि सूरज डूबे दो घंटे से भी कम समय बीता था। सुधा, ओम जी को प्रात: 7 बजे यू.एस.ए. के लिए निकलना था। उन्हें अपने सामान की पैकिंग भी करनी थी। बीते दिन की थकान, पिछले हफ्ते भर की अल्पनिद्रा या अनिन्द्रा, समय-चक्र में फेरबदल, कि मुझे दिन से ही नींद के झौंके पड़ रहे थे...रेस्तराँ की

टेबल पर भी आँखें झपकी जा रही थीं। तिस पर अब तो पेट भी भरा था। मैं जल्दी बिस्तर पर पहुँचना चाहता था क्योंकि सुबह सुधा, ओम ढींगरा को अलविदा न कहना अनुचित, अव्यावहारिक होता। वे लोग इतने विनम्र हैं कि अपने क्षेत्र में महत्त्वपूर्ण विद्वान माने जानेवाले डॉ. ओम ढींगरा—जिनकी पुस्तकें मेडीकल छात्रों को पढ़ाई जाती हैं; जो अमेरिका में एक बड़ी दवा कम्पनी संचालित करते हैं...वह आदमी मुझ जैसे साधारण व्यक्ति के लिए कार का द्वार खोल देता है या आप 'बैठिए' कह कुर्सी से खड़ा हो जाता है। इसके सामने मैं संकोच से स्वयं को कमतर अनुभव करने लगता हूँ। मैं क्षुद्रों के संसार में रहता हूँ तो थोड़ा क्षुद्र होना मेरे लिए स्वाभाविक है। इन लोगों के बीच मेरा दम्भ दरक रहा है।

मैंने सुबह साढ़े छह बजे बिस्तर छोड़ दिया। त्रिपाठी जी और सुरेखा भाभी सात बजे से पहले होटल आ गये। फ्लाइट 9:30 बजे है। दो घंटे पहले पहुँचाना ठीक रहता है। हम लोग नीचे तक आए और ढींगरा दम्पति को विदा किया—'फिर मिलेंगे'।

दोनों के चेहरे पर वही अवसाद था जो बिछुड़ते हुए होता है। एयरपोर्ट से लौटते हुए त्रिपाठी दम्पति हमें घर लेते जाएँगे। इसलिए ओम ढींगरा ने अपने साथ ही हमारा चैक आउट भी करवा दिया था। हमें ब्रेकफास्ट लेकर 10 बजे होटल छोड़ना है। इसके बाद शायद एक दिन का किराया और बढ़ जायेगा।...नहा-धो, सामान समेट तैयार हुए, तब तक त्रिपाठी जी आ गये। ब्रेकफास्ट लेकर हम उनकी गाड़ी में सामान जमा, सवार हुए। श्याम जी की हुन्डई 5-7 वर्ष पुरानी है और सुरेखा भाभी की नया मॉडल। वह बहुत अच्छी कार चालक हैं।

घर पहुँचकर हम उनके पिछवाड़े आँगननुमा बगीचे में पहुँचे। फूल, पौधों के साथ इसमें स्ट्राबेरी का बड़ा-सा पेड़ है जिसकी डाल से पटरों का प्लेटफार्म टाँगकर चिड़ियों के लिए दाना-पानी की व्यवस्था की गयी है। सुरेखा जी ने चिड़ियों के नाम रख लिए हैं। दो गिलहरियाँ आती हैं—काली और भूरी। इतनी बड़ी कि मोटी पूँछवाली छोटी बिल्ली-सी दिखती हैं। ये चिड़ियों को भगा उनके चुग्गे पर कब्जा करती हैं। प्रकृति का यही तो नियम है—'सर्वाइल ऑफ द फिटेस्ट'। सुरेखा जी प्यार से गिलहरियों को डाँटती, भगाती हैं और चिड़ियों को अवसर दिलाती हैं, पेट भरने का...बच्चों को चोंच भर दाने ले जाने का। यह मनुष्य का प्रकृति में सार्थक हस्तक्षेप है। यह नहीं कि चिड़ियों, गिलहरियों को भूनकर खा जाओ। पंकज इस लान और उसके साथ हम सबके फोटो ले रहे हैं—स्वयं के भी। पंकज प्रतिपग फोटो के शौकीन हैं। त्रिपाठी जी ने अपनी पाककला का परिचय देते हुए वैजीटेबल राइस पकाने की तैयारी शुरू की। इस घर की खास डिश में शामिल है यह। ये दोनों प्राणी इतना ठूँस-ठूँस कर खिलाते हैं कि मेहमान का मुँह फिर जाये। रसोई घर

सब्जियों, फलों, मेवा, मसाले, अचार से पटा है पर व्यवस्थित ढंग से।

भोजन से पहले हमवालमार्ट गये। वही वालमार्ट जिसका भारत में बड़ा हल्ला मचा था...महीनों विरोध चला। उसी की एक शाखा है यह। पंकज ने यहाँ दो दिन पहले भी खरीद की थी...आज भी सुरेखा जी को लेकर अलग निकल गये। मैं तो बस बच्चों के लिए टॉफी जैसा कुछ तथा पैन खरीदने का इच्छुक था। त्रिपाठी जी साथ थे। पैन काफी मँहगे लगे—5 डॉलर से 50 डॉलर तक। जापान, चीन का माल भरा पड़ा है यहाँ जो यहाँ की अपेक्षा भारत में सस्ता है पर विदेशी वस्तु के प्रति अजब ललक है हमारे समाज में। यह अमेरिका से खरीदा है, यह कनाडा से...लन्दन से...पेरिस से...बर्लिन से। ऐसा बताने में हमारा सीना फूलता है। खैर मैंने दो पैन व एक पैकेट बॉलपेन खरीदे। मेरे पास पेमेंट के लिए वीजा कार्ड था पर त्रिपाठी जी ने मुझे भुगतान न करने दिया। फिर वह मुझे लेकर खोजते हुए एक लम्बी गलियारे जैसी जगह पहुँचे और एक खास वस्तु का जिक्र किया जिसे वह मुझे भेंट करना चाहते थे। बताया कि यह शेव करते समय बहुत उपयोगी है। दरअसल उन्होंने पूछ लिया था कि मैं अपने नाक के बाल कैसे काटता हूँ? मैंने कहा—'कैंची से'। उन्होंने बताया कि वह तो असुरक्षित है। मैंने बार-बार मना किया पर वह मन बना चुके थे। बोले—'देख तो लीजिए।' इसी की शॉप खोज रहे थे वह। शॉप पर उन्होंने सेल्सगर्ल से बात की। वह उन्हें एक ओर ले गयी...डिवाइस दिखाया। लड़की लम्बी, गोरी...फाक् फाक् अँग्रेजी बोलती हुई। पास आई तो मैंने सीने पर बनी नेम स्लाइड (पट्टी) पढ़ी—'मनबीर'। मैंने पूछा—'पंजाब...? वह हँसकर बोली—अंकल... या...पंजाब...।'

त्रिपाठी जी ने एक डिवाइस पसन्द कर पेमेंट कर दिया। फिर आइसक्रीम खिलाने ले गये। दो आइसक्रीम—10 डॉलर...छह सौ रुपये...बाप रे! बातचीत में पता चला कि यहाँ लोगों की अधिकांश खरीद ऐसी ही मार्टों से होती है। अवकाश के दिन या कभी 4-5 घंटे का अवकाश लेकर निकलो और राशन पानी सहित महीने भर की व्यवस्था कर लो। बार्गनिंग नहीं है पर डिस्कांउट की भरमार—20-30-50-70 प्रतिशत तक। कैसे? लागत और लाभ के बीच का यह गोरखधन्धा मेरी समझ में नहीं आया। यहाँ, 'बनाना रिपब्लिक' (शिवमूर्ति की कहानी) नाम की भी एक शॉप थी जिस पर भारी डिस्काउंट में पोशाकें बिक रही थीं। हिसाब लगाओ तो चड्डी भी चार सौ रुपये की बैठती है।...फिर मेरे हिसाब से पंकज ने भारी खरीदारी की। परिवार के सभी बेटे-बेटियों को कपड़े, माता-पिता के लिए कुछ सामान तो घर के बहुओं भाइयों के लिए भी कुछ न कुछ। वालमार्ट तिमंजिला और काफी लम्बा चौड़ा है।

लौटते में दिन ढलान पर जा पहुँचा। घर पहुँच खाना खाते समय वातावरण

बोझिल हो गया। रात 9:30 बजे फ्लाइट पकड़ने हमें 2:30 से 3 घंटे पहले टोरेंटो विमानतल पहुँचना था। टर्मिनल 1 से एअर कनाडा की एसी-849 फ्लाइट पकड़नी है। यहाँ घर से कोई 40 किलोमीटर की दूरी पर है विमाानतल और इस समय ट्रैफिक बहुत होता है। हमने सामान बाहर निकाला। सुरेखा भाभी ने एक डिब्बा-सा मेरे हाथ में थमाया—'मना मत करना—मुझे बहुत बुरा लगेगा।'—स्नेह का बन्धन। ...इस चौकोर डिब्बे में घड़ी थी। पंकज ने कहा—रख लो भाई साहब!' वातावरण भारी हो रहा था—'बिछुरत एक प्रान हरि लेंही।'

सुरेखा भाभी एक तश्तरी में दही-मीठा और दीपक ले आईं। आरती तिलक किया। भर्राए गले से कहा—'फिर मिलेंगे...जल्दी।' अब आँखें झरने लगीं। पंकज उनके गले से लिपट रो उठे। वह सुरेखा भाभी को काकी कहने लगे हैं। वालमार्ट से लौटते हुए त्रिपाठी दम्पति हमें पुत्र शालीन का घर दिखाने ले गये थे। बताया काफी महँगी जगह पर है। 5 मिलिअन थाउजेन्ड डालर में अब इधर 2 बी.एच.के. फ्लैट मिल रहा है। शालीन के पास दुमंजिला अलग घर है। घर बन्द था—पति-पत्नी काम पर गये थे और बच्चे स्कूल। त्रिपाठी दम्पत्ति घर का चक्कर ही लगा पाकर तुष्टि पाने का प्रयास कर रहे थे।

सुरेखा भाभी ने हमारे लिए पराँठे बाँध दिये थे जो फ्रेंकफर्त पर अगली फ्लाइट की प्रतीक्षा करते हुए हमारे काम आए। सुरेखा भाभी ने स्टीयरिंग सँभाली और हमें ठीक समय टोरंटो विमानतल पहुँचा दिया। प्रवेश पर तलाशी, पासपोर्ट पर ठप्पा लगवाते हुए हम निर्धारित गेट पर पहुँच गये। अभी उड़ान में डेढ़ घंटा की देर थी। कुछ ही देर में बोर्डिंग पास के लिए लाइन लगी और हम फ्रेंकफर्त (जर्मनी) के लिए विमान में सवार हुए। जर्मनी के समयानुसार मध्याह्न पूर्व 11:10 बजे हमारा यान लैंड हुआ। अगली फ्लाइट एयर इंडिया से रात 9:30 बजे है—अर्थात् 10:30 घंटे की लम्बी प्रतीक्षा। ट्रांजिट वीजा हो तो इतने समय में स्थानीय शहर घूमा जा सकता है पर एक तो ऐसी विदेशी यात्रा का मेरा पहला अनुभव और दूसरे कनाडा का वीजा पाने में ही सिर के बल खड़े हो गया था सो एक ही चारा था कि फ्रेंकफर्त का विमानतल ही घूमा जावे। हम घूमे भी...फोटोग्राफी की, अपनी भारतीय पद्धति और आदत के अनुसार अवसर देख खाली कुर्सियों पर लम्बलेट हो थोड़ी झपकी भी ली। फ्रेंकफर्त अधिक व्यस्त एयरपोर्ट नहीं है। पानी बोतल का दाम पूछा तो आधा लीटर की बोतल डेढ़ यूरो अर्थात् 200 रुपये लीटर। यहाँ की मुद्रा यूरो है। अब पानी बिना तो रहा नहीं जा सकता...हाँ हमने घूमते हुए एक स्थान पर पीने के पानी का नल देखा था। मैंने हवाई-जहाज में मिलनेवाली छोटी-सी पानी की बोतल बचाई हुई थी। वह काम आई। हम उसी में भर-भर कर पानी पीते और समय बिताते रहे। दिन में भारत जानेवाले बस 7 यात्री वहाँ प्रतीक्षारत थे पर सायं 7 बजे के बाद भीड़ बढ़ने

लगी और मैंने पाया कि उधर से आते हुए विमान पूरा भरा था...कोई सीट खाली नहीं। विमान में पहुँचकर लगा जैसे भारत में आ पहुँचे हों। वही मनपसन्द खाना और जानी पहचानी मुस्कानें...गिनती की पुरानी फिल्में तथा दहाई भर पुराने गाने। फिर लगा कि इनकी संख्या चौगुनी तो होनी ही चाहिए।

प्रात: 8:30 बजे इन्दिरा गाँधी अन्तर्राष्ट्रीय विमानतल पर हम विमान से बाहर आए। यह विमानतल भी इतना आधुनिक है कि आम हिन्दुस्तानी के लिए देखने में देवलोक से कम नहीं, पर हमें तो देवलोक से निकल घर पहुँचने की जल्दी थी।

❑❑❑

णाणं
पयासयं

वीर नि.सं. 2470
ई. सन् 1944
भारतीय ज्ञानपीठ

ज्ञान गरिमा के
70 वर्ष

भारतीय ज्ञानपीठ